九評共產黨

大紀元系列社論著

一本震撼全球華人的書！
一本正在解體共產黨的書！

出版緣起

在前蘇聯和東歐各國共產黨政權紛紛倒台之後，共產主義這股末潮紅流正面臨退出世界歷史舞台的命運，目前殘存的以中國共產黨為首的幾個共產國家已到了窮途末路面臨解體之際。

回顧過去，中國歷經共產黨八十多年的赤化，在謊言、獨裁、運動和鎮壓下，中華民族傳統價值觀和道德體系遭到空前的顛覆。今日中國，在共產黨的暴力專制下，社會矛盾空前尖銳，危機四起，中共政權已如坐在火山口上，一觸即潰。

但是中共在徹底垮台之前，卻力圖將其命運與具有五千年文明歷史的中華古國綁在一起，這是中華民族的大不幸。如何看待共產黨，如何過渡到一個沒有共產黨的社會，如何延續中華民族的薪火傳承，已經是擺在中國人民面前的一個具體問題了。

大紀元發表《九評共產黨》系列社論，以所有媒體前所未有的智慧與勇氣深刻揭露中共本質，喚醒了億萬中國人民的精神覺醒，得到廣大迴響。博大出版社在九評發表十年之際再版發行精裝本，期能讓世人更加認清中共本質，從精神上肅清共產黨的流毒，從心理上擺脫共產邪靈的控制，迎向新的紀元，新的未來！

大紀元報系 博大出版社 編輯部

目錄

九評 之一

評共產黨是什麼

歷史現場

我國中稻高產,再創世界紀錄

←1950年代末期「大躍進」期間中共官方大幅報導「我國中稻高產,再創世界紀錄」,聲稱「在早稻畝產36,000斤的基礎上,中稻畝產達到46,000斤。」但據吉尼斯世界紀錄大全記載,世界上最慘重的大饑荒發生在1959到1961年的中國,約有四千萬人死亡。

↓1976年9月,中共領導人與剛死亡的中共主席毛澤東合影。不到一個月,其中王張江姚「四人幫」和毛遠新五人被華汪等以中央警衛團武力逮捕下獄。

七六年九月十二日清晨,張春橋、王洪文、江青、華國鋒、毛遠新、姚文元、孫玉國、汪東興(自左至右)與剛死亡的毛澤東合影

↑文革期間劉少奇被清洗並遭批鬥,1969年11月死於開封。上圖為劉之子簽名的「開封市火葬場火葬申請單」。部分內容為:死者姓名:劉衛黃;年齡:71;死亡原因:病死;申請人姓名:劉原;與死者關係:父子。

前　言

五千年來，中華民族在黃河與長江所哺育的這塊土地上滋長生息，歷經了數十個朝代，創造了燦爛的文明；其間有起有落、有興有衰，波瀾壯闊、扣人心弦。

一八四〇年，被史界認為是中國近代史的開端，也是中國從中古世紀走向現代化的起點。從那時起，中華文明大概經歷了四波的挑戰和回應。前三波挑戰，可以十九世紀六十年代初英法聯軍攻入北京、一八九四年中日甲午戰爭，和一九〇六年日俄在中國東北的戰爭為衝擊肇因所形成的挑戰，而中國對之的相應回應，則是器物引進（即洋務運動）、制度改良（即戊戌變法和大清立憲），以及後來的辛亥革命。

由於第一次世界大戰之後，戰勝國之一的中國的利益未被列強考慮，當時的許多中國人認定，前三波的回應全都失敗了，因此出現了五四運動，從而開始了第四波，也是最後一個層面的回應，文化層面的全盤西化，隨後更開始了極端革命，即共產主義運動。

本文所關注的，是中國最後一波回應的結果，共產主義運動和共產黨。分析一下在經歷了一百六十多年時間，付出了近億非正常人口死亡，以及幾乎所有的中國傳統文化和文明之後，中國所選擇的，或者說是中國被強加的，是一個什麼樣的結果？

一、以暴力恐怖奪取和維持政權

「共產黨人不屑於隱瞞自己的觀點和意圖。他們公開宣布：他們的目的只有用暴力推翻全部現存的社會制度才能達到。」〈共產黨宣言〉是這樣結尾的。暴力，是共產黨取得政權的手段，也是最主要的手段，這是這個黨產生之日起便被決定的第一個遺傳基因。

世界上第一個共產黨，事實上是馬克思死後多年才產生的。一九一七年十月革命的第二年，蘇俄共產黨正式誕生。這個共產黨是在對「階級敵人」實行暴力中產生的，之後則在對自己人的暴力中維持存在。蘇聯共產黨在內部整肅中，屠殺了兩千多萬「間諜」、「叛徒」和異己分子。

中國共產黨成立的時候就是蘇聯共產黨控制的第三共產國際的一個支部，自然繼承了這種暴力傳統。一九二七年到一九三六年所謂第一次國共內戰時期，江西人口從二千多萬下降到一千多萬，其禍之烈，可見一斑。

如果說，奪取政權的戰爭中暴力無可避免，那麼世界上從來沒有像共產黨這樣的在和平時期仍然酷愛暴力的政權。一九四九年之後，中共暴力殘害的中國人，數目竟然超過之前近三十年的戰爭時期。

在這方面登峰造極的是中國共產黨全力支持的柬埔寨紅色高棉，其奪取政權後居然屠殺了柬埔寨全國四分之一人口，包括該國的大多數華裔和華僑。並且，中共至今阻攔國際社會對紅色高棉的公開審判，其目的，當然是為了繼續遮掩中共在其中所起的

作用和所扮演的惡劣角色。

必須指出的是，世界上最殘暴的割據武裝和殘暴政權，也都和中國共產黨有密切關係。除了紅色高棉之外，印尼共產黨，菲共、馬共、越共、緬共、寮共、尼泊爾共產黨等等，也都是中共一手支持建立，其中黨的領袖許多都是華人，有些現今仍然躲藏在中國。

而世界上以毛主義為宗旨的共產黨，包括南美的光明之路、日本的赤軍，其殘暴行徑同樣為世人所知、所唾棄。

共產主義理論來源之一是進化論。共產黨把物種競爭，推演到社會進化中的階級鬥爭，認為階級鬥爭是社會發展進步的唯一動力。因此，鬥爭成為共產黨獲得政權以及維持生存的主要「信仰」。毛澤東的名言「八億人口，不鬥行嗎？」正是這種生存邏輯的表白。

和這個表白同樣聞名的，是毛澤東的另一句話：文化大革命，要「七、八年再來一次」。重複使用暴力，是共產黨政權維持統治的重要手段。暴力的目的，是製造恐懼。每一次鬥爭運動，都是共產黨的一次恐懼訓練，讓人民內心顫抖著屈服，以至成為恐懼的奴隸。

今天，恐怖主義變成了文明和自由世界的首號敵人。但共產黨的暴力恐怖主義以國家為載體，規模更為巨大，持續時間更為長久，為禍也更為酷烈。在二十一世紀的今天，我們不能忘記，共產黨的這一遺傳基因在適當的時候一定會對共產黨未來走向起決定性的作用。

二、以謊言為暴力的潤滑劑

衡量人類文明程度的標誌之一，是暴力在制度中所發揮作用的比例。共產政權社會，顯然是人類文明的一次大倒退。然而，共產黨居然成功地一度令世人以為是進步。這些人認為，暴力的使用，是這種社會進步所必需而且必然的過程。

這不能不說是共產黨對謊言欺騙運用得舉世無雙的結果。因此，欺騙和謊言，是共產黨的另一遺傳基因。

「從年幼的時候起，我們就覺得美國是個特別可親的國家。我們相信，這該不單因為她沒有強占過中國的土地，她也沒對中國發動過侵略性的戰爭；更基本地說，中國人對美國的好感，是發源於從美國國民性中發散出來的民主的風度，博大的心懷。」

這是中共中央機關報《新華日報》一九四七年七月四日發表的社論，僅僅三年之後，中共便派兵在北韓和美國兵戎相見，並把美國人描繪成世界上最邪惡的帝國主義分子。每一個來自中國大陸的人，看到這篇五十多年前的中共社論，都會感到無比的驚訝，以至於中共需要查禁重新出版類似文章的有關書籍。

中共建政後，肅反、公私合營、反右、文革、六四、鎮壓法輪功，每次都採用了相同的手段。其中最著名的，是一九五七年中共號召知識分子給中共提意見，然後按圖索驥捉拿「右派」，當被人指為陰謀的時候，毛澤東公開表示：那不是陰謀，而是「陽謀」。

謊言和欺騙，在這些奪權和保權過程扮演了極為重要的角色。中國知識分子自古以來就具有深厚的歷史意識。中國是世界

上信史最長也最完整的國家，蓋中國人要依據歷史來判斷現實，甚至從中達致個人精神的昇華。因此，隱瞞和篡改歷史也成為中國共產黨的重要統治手段。從早至春秋戰國，晚至文革歷史全面加以隱瞞、篡改和改述，五十多年來從未間斷，並且對所有還歷史本來面目的努力，都無情地予以封鎖和滅殺。

當暴力不足而需要加以掩蓋修飾的時候，欺騙和謊言便登場了。謊言是暴力的另一面，也是暴力的潤滑劑。

應該承認，這並不是共產黨的發明創造，只不過共產黨是把古已有之的流氓行徑堂而皇之地加以使用而已。中國共產黨承諾給農民土地、承諾給工人工廠、承諾給知識分子自由和民主、承諾和平，如今無一兌現。一代被騙的中國人死去了，下一代中國人繼續對中共謊言著迷，這是中國人最大的悲哀，也是中華民族的大不幸。

三、不斷變化的立場原則

二○○四年美國總統大選電視辯論的時候，其中一位候選人說，人可以經常改變他對某些問題的看法，但不能總是轉變他看問題的原則，否則這個人便不是一個可以信賴的人。這句話深具啟發性。

共產黨正是一個典型。以中國共產黨為例，建黨八十年來的十六次中共全國代表大會，竟對其黨章修改了十六次，而奪取政權之後的五十年，對中國《憲法》大改了五次。

共產黨的理想是社會公平，而社會公平的極致是實現共產

13

主義。但今天，共產黨統治的中國已經成為全球貧富最懸殊的國家，而黨國大員在八億貧困人口的基礎上，大多成了腰纏萬貫的大亨。

中共的思想，從最早的馬列主義，加上了毛思想，再加上鄧理論，最後又有三個代表。其中，馬列毛的主義和思想，和鄧理論及江代表可以說是風馬牛不相及，其背道而馳以至相差萬里，居然可以被中共擺在同一張神台上加以膜拜，實在是古今一大奇觀。

共產黨從沒有祖國，建立全球大同，到今天的極端民族主義；從剝奪所有私有財產，打倒一切剝削階級，到今天的吸引資本家入黨，其基本原則南轅北轍自不必說。在其發跡和維持政權歷史上，昨天堅持的原則今天放棄、而明天又再改變的事情比比皆是。但無論如何改變，共產黨的目標明確，那就是奪取和維持政權，以及享受社會權力的絕對壟斷。

中共歷史上十多次所謂「你死我活」的路線鬥爭，說穿了，無非是改變其立場和原則時候的內部傾軋而已。

需要說明的是，每次立場和原則發生改變，都是由中共的合法性和生存碰到了無法迴避的危機而引起。國共合作，親美外交，改革開放，推動民族主義，無一不是如此，但每次妥協都是為了對權力的奪取或者穩固。每一次的鎮壓／平反的周期循環，也莫不由此而發生。

西諺有云：真理需要堅持，而謊言永遠變化。智哉斯言！

四、以黨性取代和消滅人性

中國共產黨是一個列寧式的政黨。中共建黨之初，便確立了建黨的三大路線，即政治路線、思想路線和組織路線。若以通俗的語言來描述這三大路線，思想路線是共產黨的哲學基礎，政治路線即確立目標，然後以嚴酷的組織形式來實現這一目標。

共產黨員以及共產社會的人民首先被要求的，是絕對的服從，這是所謂組織路線的全部內容。

在中國，人們瞭解共產黨員普遍的雙重人格特徵。在私下場合，共產黨員多具有普通的人性，具有一般人的喜怒哀樂，也有普通世人的優點和缺點，他們或許是父親，或許是丈夫，或許是好朋友，但凌駕在這些人性之上的，則是共產黨最為強調的黨性。而黨性，按照共產黨的要求，永遠超越普遍人性而存在。人性當成相對的、可變的，而黨性則是絕對的、不能被懷疑也不能被挑戰。

在文化大革命期間，中國人父子相殘、夫妻反目、母女告發和師生互鬥的事情普遍存在，那是黨性在起作用。早期，中共高級幹部的家人被劃為階級敵人被鎮壓，中共幹部無法相救的事例更多，也同樣是黨性的作用。

這種黨性，是共產黨組織長期訓練的結果。這種訓練，是從幼兒園開始的。在幼兒教育中，所給出的標準答案雖然不合常識和兒童人性，但卻是獲得成績的前提。中小學乃至大學的政治教育中，學生學到的，是必須遵從黨所給出的標準答案，否則無法合格和畢業。

15

　　一個黨員，無論他在私下對你表達了怎樣的意見，但一旦做為黨員表態時，必然要和「組織」保持一致。這個組織由下至上，最後統一到這個龐大集團金字塔的最高一點，這是共產黨政權的最重要的結構特徵，絕對服從。

　　在今天，中共已經完全蛻變成為維護自身利益的政治集團，或已不再有共產主義的追求目標，但組織原則沒有變化，絕對服從的黨性要求沒有發生變化。這個黨，以凌駕所有人類和人性的方式存在，一切危害或者被認為可能危害到黨的組織或者領導人的人，都會被立即加以清除，無論這個人是普通百姓還是中共的高級領導人。

五、反自然和反人性的邪靈

　　天地萬物都有其生成衰亡的生命過程。

　　和共產黨政權不同，所有的非共產黨政權社會，無論其如何專制和極權，社會都有一部分自發組織和自主成分。中國古代社會，實際上是一個二元的結構，農村以宗族為中心自發組織，城鎮以行會為中心自發組織；而自上而下的政府機構，只管理縣級以上的政府事務。

　　現代除共產黨以外的最嚴酷的極權社會如納粹德國，仍然保持了私有產權和私有財產。共產黨政權中，所有這些自發組織和自主成分被徹底剷除，取而代之的是徹底的自上而下的集權結構。

　　如果說前一種社會形態是由下至上、自然發生成長的社會狀

態，那麼共產黨政權則是一種反自然的社會狀態。

在共產黨那裏，沒有普遍的人性標準，善良和貪惡、法律和原則變成隨意移動的標準。不能殺人，但黨認定的敵人除外；孝敬父母，但階級敵人父母除外；仁義禮智信，但黨不想或不願意的時候除外。普遍人性被徹底顛覆，所以共產黨也是反人性的。

所有的非共社會，大多承認人性善惡同在的現實，然後以固定的契約來達致社會平衡。共產社會不承認人性，既不承認人性中的善良，也不承認人性的貪惡。剷除這些善惡觀念，按照馬克思的話說，是徹底顛覆舊世界的上層建築。

共產黨不信神，也不尊重自然萬物，「與天鬥、與地鬥、與人鬥，其樂無窮」，戰天鬥地，殘民以逞。

中國人講天人合一，按照老子的說法：人法地，地法天，天法道，道法自然。人和自然是一個連續的宇宙狀態。

共產黨也是一種生命，但其反自然、反天、反地、反人，是一種反宇宙的邪惡生靈。

六、邪靈附體的特徵

共產黨組織本身並不從事生產和發明創造，一旦取得政權，便附著在國家人民身上，操縱和控制人民，控制著社會的最小單位以保護權力不致喪失，同時壟斷社會財富的最初來源，以吸取社會財富資源。

在中國，黨組織無所不在，無所不管，但人們從來看不到中國共產黨組織的財政預算，只有國家的預算，地方政府的預算，

企業的預算。無論是中央政府一直到農村的村委會，行政官員永遠低於黨的官員，政府聽命於同級黨組織。黨的開銷支出，均由行政部門開銷中付出，並不單列開支。

這個黨組織，就像一個巨大的邪靈附體，如影隨形般附著在中國社會的每一個單元細胞上，以他細緻入微的吸血管道，深入社會的每一條毛細血管和每一個單元細胞，控制和操縱著社會。

這種古怪的附體結構，在人類歷史上，有時候在社會局部出現，有時候在整個社會短暫出現，卻從來沒有像共產黨社會這樣徹底、長久而且穩定持續。

所以，中國農民才會如此貧窮辛苦，因為他們不但要負擔傳統的國家官員，還要負擔和行政官員同樣人數甚至更多的附體官員。

所以，中國的工人才會如此大規模下崗，因為那些無所不在的吸血管道，多年來就一直在吸取企業的資金。

所以，中國知識分子才會發現自由是如此的困難，因為除了主管的行政機構外，還有那個無所不在卻又無所事事而專門監視著他們的影子。

附體，需要絕對控制被附體者的精神以獲得維持自身存在的能量。

現代政治學一般認為，社會權力有三個來源，即暴力、財富和知識。共產黨以壟斷和肆意使用暴力，剝奪人民財產，以及最重要的，剝奪言論和新聞自由，剝奪人民的自由精神和意志，來達到其絕對控制社會權力的目標。以此而論，中共這一附體對社會的嚴密控制，可以說是古中今外無出其右者。

七、反省自己以擺脫中共附體

馬克思在共產黨的第一份綱領文件〈共產黨宣言〉中這樣宣布：一八四八年，「一個幽靈，共產主義的幽靈，在歐洲遊蕩。」一百年後，共產主義已經不僅僅是幽靈，而是真正具有了具體的物質實相。這個幽靈，在上個世紀的一百年中，像傳染病般在全世界氾濫展開，屠殺了數以千萬人的性命，剝奪了億萬人的個人財產甚至他們原本自由的精神和靈魂。

共產黨的初始原則，是剝奪所有的私有財產，進而消滅所有「剝削階級」。屬於個人的私有財產，是民眾所有社會權利的基礎，很多時候，也是民族文化載體的重要部分。被剝奪了私有財產的人民，也必然被剝奪精神和意志的自由，進而最後喪失爭取社會和政治權利的自由。

中國共產黨因為自身生存危機，自上世紀八十年代開始經濟改革，把人民財產權利部分歸還，也把共產黨政權這個龐大而精密的控制機器，捅出了第一個窟窿，這個窟窿，到今天越來越大，發展成為全體共產黨官員發瘋般為自己聚斂財富。

這個以暴力和謊言不斷變換自己外表形象的附體邪靈，近年來敗象盡顯，已經到了驚弓之鳥、風聲鶴唳的程度，它以更加瘋狂聚斂財富和控制權力來試圖自救，但卻更進一步加劇了其危機的到來。

現今的中國，貌似繁榮，但社會危機已經積累到了空前的地步。按照中共的習性，或許將再一次施展其過去的伎倆，這包括再次做出某種程度的妥協，對「六四」事件當事人或者法輪功等

平反，又或者製造出「一小撮」敵人，以繼續供其展示暴力恐怖力量。

中華民族在一百多年來所面臨的挑戰中，從器物引進、制度改良到最後的極端激烈革命，付出了無數生命，喪失了絕大部分民族文明傳統，現在證明仍然是一個失敗的回應。在全民的仇恨、憤懣中，一個邪靈乘虛而入，最終控制了這個世界上最後一個仍然繼承古老文明的民族。

在未來的危機中，中國人無可避免地需要再次進行選擇。但無論如何選擇，中國人都必須清醒，任何對這個現存的邪靈附體的幻想，都是對中華民族災難的推波助瀾，都是向附在身上的邪惡生命輸注能量。

唯有放棄所有幻想，徹底反省自己，而堅決不被仇恨和貪婪慾望所左右，才有可能徹底擺脫這一長達五十多年的附體夢魘，以自由民族之身，重建以尊重人性和具有普遍關愛為基礎的中華文明。

九評 之二

評中國共產黨是怎樣起家的

↑中共靠不斷鬥爭迫害起家並維持暴力統治。圖為受害者被戴高帽押在汽車上遊街示眾。

↑1932年被共產國際派來中國的軍事專家李德（右，原名奧托・布勞恩）。

↑1950年2月，毛澤東、周恩來與前蘇聯獨裁者斯大林在〈中蘇友好同盟互助條約〉簽字儀式上。1953年斯大林死後，自1956年起的十年裏，中蘇兩黨領導層分歧不斷並爆發武裝衝突。

前 言

按《說文解字》，「黨」意即「尚黑」。「黨」，「黨人」，在漢語中含有貶義。孔子曰：「吾聞君子不黨」，《論語》中註釋為：「相助匿非曰黨。」中國歷史上的政治小集團，往往被稱為「朋黨」，在中國傳統文化中，是不好的概念，所以會有「狐朋狗黨」這個貶義詞，「結黨」和「營私」往往連在一起。

為什麼在近代中國出現了一個共產黨，並且成了氣候還奪取了政權？中國共產黨不斷給中國人民灌輸：歷史選擇了中國共產黨，人民選擇了共產黨，「沒有共產黨就沒有新中國」。

是中國人民選擇了共產黨，還是共產黨結黨營私，逼迫中國人民接受？我們只能從歷史中找答案。

從滿清後期到民國初期，中華古國經歷著巨大的外來衝擊和內在變革，社會處於混亂和痛苦之中。其間許多知識分子和仁人志士，滿懷濟世救國的憂患意識。但是在國難和混亂中，他們由失望變成了完全的絕望。有病亂求醫，他們到中國以外尋找靈丹妙藥，英國式的不行就換法國式的，法國式的不行再換俄國式的，不惜下猛藥烈藥，恨不得一日即能振興中國。

五四運動就是這種絕望的充分表現，有人主張無政府主義，有人提出打倒孔家店，有人主張引進洋文化，總之對中國傳統文化持否定態度，反對中庸之道，急於走捷徑，主張砸爛一切。他們中的激進分子，一方面報國無門，一方面對自己的理想和意志深信不疑，認為現實世界無可救藥，只有自己找到了歷史發展的

機關，對革命和暴力報以巨大熱情。

不同的機遇讓不同的人找到了不同的理論、學說、路線。終於有一組人，他們碰上了從蘇俄來的共產黨聯絡人，「暴力革命奪取政權」的馬列思想迎合了他們的焦躁情緒，符合他們救國救民的願望，一拍即合。他們把一個完全陌生的異國思想，引入了中華。參加中共一大的代表共有十三人，後來死的死，逃的逃，有人投靠日本人做了漢奸，有的脫黨投靠了國民黨，成了叛徒或機會主義分子，到一九四九年中共掌權時，只有毛澤東和董必武兩人還留在中共黨裏。不知這些中共建黨人當時有沒有想到，他們從俄國請來的這個「神靈」卻是一個邪靈，他們找來的這劑強國之藥卻是一付烈性毒藥。

當時革命成功不久的蘇俄共產黨政權，已對中國抱有野心。一九二○年，蘇俄成立了共產國際遠東書記處，負責中國等國共產黨的建立工作，主管為舒米亞茨基，維經斯基做副手，和陳獨秀等人開始籌建中國共產黨。一九二一年六月他們向共產國際提交遠東書記處中國支部計劃表明，中國共產黨是共產國際領導下的一個支部。一九二一年七月二十三日，在尼科爾斯基和馬林的組織下，中國共產黨正式成立。

從此，共產主義運動被實驗性地引進中國，黨的生命大於一切、征服一切，開始給中國帶來一場無休止的浩劫。

一、共產黨起家是集中外邪惡之大全的過程

在具有五千年文明歷史的中國，要移植進來一個與中國傳統

格格不入的共產黨，引入一個外來邪靈，實在不是一件簡單容易的事情。中共用共產主義的大同思想欺騙民眾和愛國無門的知識分子，又進一步歪曲已被列寧嚴重歪曲了的共產主義理論，以此為依據，中共摧毀一切不利於它的統治的傳統和價值，消滅一切不利於它統治的社會階層和人士。中共拿來了工業革命對信仰的摧毀，又拿來了共產主義更徹底的無神論。中共拿來了共產主義對私有制的否定，又拿來了列寧的暴力革命理論。與此同時中共又繼承和發展了中國帝王制的最壞部分。

中共的起家歷史，是一個逐步完成其集中外邪惡之大全的過程，中共完善著它「中國特色」的九大基因：「邪、騙、煽、鬥、搶、痞、間、滅、控」。這些基因承傳不斷，手段和惡性程度在危機中進一步得到強化和發展。

（一）基因之一：邪——披上馬列主義的邪皮

馬克思主義當初吸引中國共產黨人的是「暴力革命打碎舊的國家機器，建立無產階級政權」。這正是馬列根本之邪。

馬克思主義唯物論其實是狹隘的生產力和生產關係剩餘價值的經濟學，在早期資本主義還不發達時，片面短視的預言資本主義的滅亡和無產階級的勝利，已經被歷史和現實所否定。馬列主義的無產階級暴力革命和無產階級專政，主張強權政治和無產階級主宰論。〈共產黨宣言〉以階級對立和階級鬥爭闡述了共產黨的歷史觀及哲學觀。無產者以打破已有的傳統道德和社會關係、奪取政權為鬥爭的目的。從一開始就把共產主義放在與一切傳統對立的位置。

人類天性對暴力是普遍排斥的，暴力之中人變得暴虐，共產黨的暴力學說從本性上被人類的共性所否定。與任何先前的思想、哲學、傳統都查不到實質上的淵源關係，是天地間憑空掉下來的一個莫名的恐怖體系。

這種邪惡觀念的前提是「人定勝天」，人為地改造世界。共產黨用「解放全人類」、「世界大同」的理想吸引過不少人，一些具有憂患意識而又渴望幹一番事業的人，最容易被共產黨矇騙。他們忘記蒼天在上，在建立「人間天堂」的美麗謊言中，在建功立業的征戰中，他們蔑視傳統，將他人的生命看輕，也把自己的生命變得輕於鴻毛。

人造的「共產主義世界」被奉為真理，「滿腔的熱血已經沸騰，要為真理而鬥爭」。共產黨用這種絕對、荒誕的理念去斬斷人和上天的淵源關係，斬斷他們和祖宗、民族傳統的血脈，召喚他們為共產主義獻身，加持共產黨的虐殺能量。

（二）基因之二：騙——邪惡要裝正神，就要行騙

邪一定要騙。共產黨要利用工人階級，封他們為「最先進的階級」、「大公無私」、「領導階級」、「無產階級革命的先鋒隊」等；共產黨要利用農民，稱讚他們「沒有貧農，便沒有革命；打擊他們，便是打擊革命」，許諾「耕者有其田」；共產黨需要資產階級的幫助，於是封之為「無產階級革命的同路人」，許諾以「民主共和」；共產黨快要被國民黨徹底剿滅了，於是大喊「中國人不打中國人」，承諾服從國民黨的領導。抗日戰爭一完，便大打出手，推翻了國民黨政權，建國後很快消滅了資產階

級，最後把工農變成了徹底一無所有的無產階級。

統戰是黨騙的典型一招。為了打贏內戰，共產黨一度改變過去一定要殺死地主、富農全家的做法，對地主、富農這樣一些階級敵人，採取了「臨時性的統一戰線政策」。一九四七年七月二十日，毛澤東指示說：「除少數反動分子外，應對整個地主階級取緩和態度。……藉以減少敵對分子。」共產黨奪取政權以後，地主富農仍沒有逃脫群體滅絕的命運。

說一套做一套。黨要利用民主黨派時，其口號是「長期共存，互相監督，肝膽相照，榮辱與共」。而任何真正不同意、不符合它思想、言行和組織的，都要加以消滅。馬克思、列寧和中共領導人都說過，共產黨的政權不能與人共享，共產主義一開始便直截了當地帶著獨裁主義先天基因。由於它的專制排他性，無論是奪取政權時期還是掌握政權時期，共產黨從來沒有和其他政黨和團體真誠相處過，所謂寬鬆時期也至多是「花瓶」待遇。

歷史的教訓是：共產黨的任何承諾都不能相信，任何保證都不會兌現。誰在什麼問題上相信了共產黨，就會在什麼問題上送掉小命。

（三）基因之三：煽——善於製造仇恨，挑起一部分人鬥另一部分人

騙為了煽。鬥爭一定要有仇恨，沒有仇恨可以製造仇恨。中國農村有一套根深蒂固的土地宗族制度，是共產黨建立政權的根本障礙。農村社會本來是和諧的，土地所有和租用關係不是絕對對立的關係。地主養活農民，農民養活地主。這種在一定程度上

互相依存的關係，被共產黨改變成階級對立、階級剝削的關係，變和諧為敵對、為仇恨、為鬥爭，變合理為不合理，變有序為混亂，變共和為專制，主張剝奪，謀財害命，殺地主富農本人，殺地主富農家人，殺地主富農家族。不少農民不肯強奪他人的財產，白天拿了，晚上又送回地主家去，被工作隊知道了罵做階級覺悟不高。白毛女本來是仙姑，不是被壓迫的故事，被部隊文工幹事改編成話劇、歌劇、芭蕾舞來煽動階級仇恨。日本侵略中國，共產黨不抗日，還攻擊國民黨政府賣國不抗日，甚至國難當頭還煽動人們反對國民政府。

挑起一部分人仇恨和格殺另一部分人的手法是共產黨運動的經典手段，「95％：5％」的階級劃分公式因此而來。共產黨後來的系列政治運動充分運用、不斷發展了這一手法。劃進95％則安全無事，掉進5％則成為被鬥爭的敵人，爭取能站進95％的行列成為大多數人在恐懼中的自我保護方法，落井下石也由此蔚然成風。

（四）基因之四：痞——流氓痞子組成基本隊伍

痞是邪的基礎，邪就得用痞。共產革命是痞子流氓起義，經典的「巴黎公社」純粹是社會流氓的殺人放火打砸搶。連馬克思也看不起流氓無產階級，他在〈共產黨宣言〉中說「流氓無產階級是舊社會最下層中消極的腐化的部分，他們在一些地方也被無產階級革命捲到運動裏來，但是，由於他們的整個生活狀況，他們更甘心於被人收買，去幹反動的勾當。」馬克思、恩格斯認為農民天生的分散性與愚昧性，甚至不夠格稱做階級。

中國共產黨從惡的方面發展馬克思的東西，毛澤東說「流氓地痞之向來為社會所唾棄之輩，實為農村革命之最勇敢、最徹底、最堅決者」。流氓無產者加持了中共的暴烈，建立了早期農村蘇維埃政權。「革命」，這個被共產黨的話語系統灌注了正面意義的語詞，實在是所有善良人的恐懼和災難，是取「命」來的。文革時討論流氓無產者，共產黨認為自己被叫做「流氓」不好聽，縮寫為「無產者」。

痞的另一個表現是耍無賴，被人稱為獨裁時擺出一副惡霸嘴臉：「可愛的先生們，你們講對了，我們正是這樣。中國人民在幾十年中積累起來的一切經驗，都叫我們施行人民民主專政，或曰人民民主獨裁。」

（五）基因之五：間——滲透，離間，瓦解，取代

騙、煽、痞猶不夠，間亦用之。中共滲透有術，地下工作的「前三傑」錢壯飛、李克農和胡北風，他們的實際領導者是中共中央特務二科科長陳賡。錢壯飛任國民黨中央調查科主任徐恩曾的機要秘書和親信隨從，中華民國政府軍第一、第二次對江西的圍剿決策和情報，錢壯飛用國民黨中央組織部信函，經李克農親自送至周恩來手中。一九三〇年四月，表面上由錢壯飛率領，實際上由陳賡領導，用國民黨中央調查科的證件和經費，在東北建立了一整套明屬國民黨、暗屬共產黨的雙重特務組織。李克農亦曾打入中華民國海陸空軍總司令部擔任譯電員，中共保密局負責人顧順章被捕叛變的急電就是被李翻譯後由錢壯飛送給周恩來的，免除了被一網打盡的下場。

親共的楊登瀛擔任國民黨中央調查科上海特派員，中共認為不可靠的黨員，便讓他去逮捕和處決。河南一個老幹部，曾因得罪了共產黨中的幹部，便被自己人開後門送到國民黨監獄中關押了好幾年。

在解放戰爭期間，中共情報戰線直達蔣介石身邊，國防部作戰次長、掌握國民黨調動軍隊大權的劉斐中將竟是中共地下黨。在被調動的軍隊自己還不知道時，延安就已經得到情報，並據此而擬好作戰計劃。胡宗南的機要秘書和親信隨從熊向暉，將胡宗南大軍進攻延安的計劃通報周恩來，以致胡宗南打進延安時，得到的只是一座空城。周恩來曾經說：「蔣介石的作戰命令還沒有下達到軍長，毛主席就已經看到了。」

（六）基因之六：搶——巧取豪奪成為新秩序

中共的一切都是搶來的。拉起紅軍搞武裝割據，軍火彈藥、吃飯穿衣需要錢，而「籌款」的形式是打土豪搶銀洋，與土匪沒有區別。李先念的紅軍在鄂西一帶綁票縣城裏的首富人家，不是綁一個，而是家族中每富裕家庭綁一個，叫「綁活票」。「綁活票」不「撕票」，即不殺人質，留下活口，目的是要家裏人一壇一壇不斷送大銀元去供養紅軍。直到餵飽了紅軍，或是家破人亡，無油水可搾，才把奄奄一息的人質放回。有人因此被驚嚇折磨致死。

「打土豪，分田地」又把巧取豪奪推廣到社會，代替傳統成為新的秩序。共產黨大惡小惡都要做，大善小善都不積。什麼人都給點小恩小惠，為的是挑動一部分人鬥另一部分人。於是積善

重德被搞掉了，只要會殺人就行。「共產大同」實際成了對暴力豪奪的認同。

（七）基因之七：鬥——摧毀傳統宗法秩序和國家制度

騙、煽、痞、間均為了搶、鬥。共產黨的哲學是鬥爭哲學。共產革命絕不是無組織的打砸搶，黨說「農民的主要攻擊目標是土豪劣紳、不法地主，旁及各種宗法的思想和制度、城裏的貪官污吏、鄉村的惡劣習慣」，指明要摧毀鄉村的傳統制度和習慣。

共產黨的鬥還包括武鬥、武裝鬥爭。「革命不是請客吃飯，不是作文章，不是繪畫繡花，不能那樣雅致，那樣從容不迫，文質彬彬，那樣溫良恭儉讓。革命是暴動，是一個階級推翻一個階級的暴烈的行動。」奪取政權時要鬥，若干年後的文革中，同樣的鬥爭基因又被用於教育下一代。

（八）基因之八：滅——完整的群體滅絕理論系統

共產黨做的許多事都很絕。其許諾知識分子以人間天堂，而後來把他們打成「右派」、改造成「臭老九」。其對地主資本家財產的剝奪，對地主富農階級的消滅，對鄉村秩序的摧毀，對地方政權的攫取，對有錢人的綁票勒索，對戰俘的思想和靈魂洗腦，對工商資產階級的改造，對國民黨的滲透和瓦解，對共產國際的分裂和背叛，對建國後歷次政治運動的清洗，對黨內的高壓政治，做的事都很絕。

這一切，無不建立在它的群體滅絕理論基礎之上，歷次運動無一不是恐怖主義的群體滅絕運動。共產黨從早期就開始不斷創

造完整的群體滅絕理論系統，由共產黨的階級論、革命論、鬥爭論、暴力論、專政論、運動論、政黨論等等組成，全是各種各樣群體滅絕實踐經驗之總匯。

中共最大特色的群體滅絕是從思想上和人性良知上的滅絕，這是符合其集團根本利益的恐懼統治方法。你反對它，它要消滅你，你擁護他，它也可能要消滅你。它認為需要消滅的就要消滅，以至造成每個人都有危機感，都懼怕共產黨。

（九）基因之九：控——用黨性控制全黨，再教化到全民和全社會

所有的基因都為著同一個目的：恐懼型的高壓控制。共產黨的邪惡，使它成為所有社會力量的天敵。從成立之日起，共產黨就在一個接一個的危機中掙扎，其最大危機一直是生存危機，存在就是恐懼，永恆的危機感。危機中的恐懼成了共產黨最高利益所在——艱難維持黨的集團存在和權力。共產黨常不得不以表面的更壞補充著它力量的不足。黨的利益不是個體黨員利益，也不是所有個體利益的總和。它是共產黨集團的利益，高於個人的一切。

「黨性」是黨這個邪靈最厲害的本質之一，具有無限擴展，吞噬人性，把人變成非人的強制能力。周恩來和孫炳文是同志，孫炳文死後，其女兒孫維世被周恩來認做乾女兒。文革中孫維世挨整，孫維世的家人在她死後發現她頭上被釘進了一個長釘子，可是在孫維世的逮捕書上簽字同意的卻是周恩來。

中共早期領導人之一任弼時在抗日戰爭期間曾任鴉片專員。

鴉片是列強侵略中國的象徵，敢冒違背民族大義之大不韙而大片種植鴉片，確實需要點黨性。因為極為敏感，中共用「肥皂」做為「鴉片」的代號，輸往境外賺取經費。中共新領導人在任弼時生日一百周年時發表講話，稱他「具有崇高的品德，是一位模範的共產黨員。他信念堅定，對黨的事業無限忠誠」，對他的黨性高度評價。

一個黨性模範是張思德，黨說他是燒磚窯倒塌而犧牲，民間說他是烤鴉片而死。因為他默默在中央警衛團當兵，不求陞遷，得到了中共「重於泰山」的褒獎。他和後來的另一個典型的黨性榜樣，以「革命機器上永不生繡的螺絲釘」著稱的雷鋒，兩人長期被用來教育全體中國人，要像他們那樣忠於黨。「榜樣的力量是無窮的」，共產黨的無數英雄模範都被用做這種強化黨的鋼鐵意志和黨性原則的示範。

在奪取政權之後，共產黨更是把思想控制的基因發揚光大，共產黨成功鑄造了幾代黨的「工具」和「螺絲釘」。黨性被強化成了一貫的思維定式，千篇一律的行為模式推展到整個國家和全體人民。黨性行為模式披上國家之皮，黨性思維定式成為全國人民的自我洗腦、服從和配合邪惡的機制。

二、中國共產黨不光彩的起家史

中國共產黨說自己的歷史是「從勝利不斷走向勝利」的光輝歷史，往自己臉上貼金是為了賦予共產黨政權合法性。事實上，共產黨的發家史一點也不光彩。它只有靠邪、騙、煽、鬥、搶、

痞、間、滅、控的九大基因，才最終奪取了政權。

（一）中共成立——吸蘇共的奶水長大

中共教育人民，「十月革命一聲炮響，給我們送來了馬克思列寧主義」。其實，中共成立之初，是蘇俄的亞洲中國支部，從一開始就是一個賣國政黨。

成立初期中國共產黨沒有錢，沒有理論和實踐，更沒有主心骨，加入共產國際是對暴力革命的參與和依附，中國暴力革命和馬克思、列寧階段的暴力革命一脈相承。共產國際是全球顛覆各國政權的總指揮部，中共那時是共產國際的東方支部，執行蘇俄紅色帝國主義的東方路線。中共仰仗蘇共成熟的暴力奪權和無產階級專政的經驗，政治、思想和組織路線都聽命於蘇共，照抄外來非法組織的地下秘密生存方式，實行嚴密監視控制。蘇共是中共的主心骨和靠山。

中共第一次代表大會通過的中國共產黨黨章是由共產國際主持制定的，宣言依據的是馬列主義、階級鬥爭、無產階級專政和建黨學說，以蘇共黨綱做為重要依據。中共黨的靈魂是蘇共式的外來品。中共黨的領導人陳獨秀和共產國際代表馬林曾經有不同意見，馬林帶一封信給陳說，如果你是真正的共產黨員，一定要聽第三國際的命令。雖然陳獨秀是中國共產黨的第一任教父，也只好聽從共產國際教廷的命令，隸屬和屈從蘇俄。

陳獨秀在一九二三年黨的第三次代表大會上公開承認，黨的經費幾乎完全是我們從共產國際得到的。一年來，共產國際在中國用款二十餘萬，而中共成績不佳，共產國際責備中國同志太不

努力。

據中共解密文件不完全統計，一九二一年十月至一九二二年六月，收入16,655元；一九二四年1,500美元和32,927.17元；一九二七年為187,674元，每月共產國際給費用平均在二萬元左右。中共現在的拉關係、走後門、迎合、買通、甚至威脅等方法在早期已經使用。共產國際主管曾嚴厲批評中共中央不斷要錢的做法，「他們利用經費來源不同（國際聯絡局、共產國際執委會代表、軍事組織）這一情況，得以弄到這些經費，因為這一個來源不知道另一個來源已經撥出。……有趣的是，前來的同志總是不僅十分清楚地瞭解俄國同志的情緒，而且甚至瞭解應該怎樣區別對待與這項或那項撥款相關的某位同志。而一旦多數同志相信不能通過正式途徑弄到，就開始逃避事務性的會見。然後採取最粗暴的敲詐手段，如散布謠言，說什麼基層工作人員似乎責備蘇聯把錢給了軍閥，而不給中央。」

（二）第一次國共合作——附體挖心，破壞北伐

中共一直教育人民，蔣介石背叛了國民革命，共產黨被迫武裝起義。實際上，共產黨發起第一次國共合作是為了附體於國民革命發展自己，並且在行動中急於奪權發動蘇維埃革命，破壞和背叛了國民革命。

一九二二年七月中共黨的第二次代表大會上，因為急於奪取政權，反對與國民黨聯合的意見主導了大會。但是太上皇共產國際推翻決議，指令中共加入國民黨。

第一次國共合作期間，一九二五年一月中國共產黨在上海

舉行第四次全國代表大會,在孫中山去世以前已經提出領導權問題。如果孫中山沒有去世,中共奪權針對的就不是蔣介石了。

靠了蘇俄撐腰,國共合作期間共產黨在國民黨內大肆抓權:譚平山擔任國民黨中央組織部部長,馮菊坡擔任工人部長全權處理事務的部秘書,林祖涵擔任農民部長,彭湃在農民部擔任部秘書,毛澤東擔任國民黨宣傳部代部長。軍校、軍隊領導權向來是共產黨關注的焦點:周恩來擔任黃埔軍校政治部主任,張申府擔任副主任。周恩來還兼軍法處處長,到處安插蘇俄軍事顧問。不少共產黨人擔任國民黨軍校政治教官和教職人員,擔任國民革命軍的各級黨代表,並規定沒有黨代表的附屬簽名,一切命令均不生效。這樣附體國民革命的結果,使得中共由一九二五年的不滿千人,爆增至一九二八年的三萬人。

北伐革命始於一九二六年二月。一九二六年十月至一九二七年三月,中國共產黨在上海進行了三次武裝暴動,最後進攻北閥軍師部,被北閥軍解除了武裝。廣東的總罷工糾察隊每天都與警察發生暴力衝突,這樣的騷擾直接導致了「四‧一二」國民黨對共產黨的大清洗。

一九二七年八月,國民革命軍內的共產黨藉機發動南昌暴動,被很快鎮壓下去。九月發動了攻打長沙的秋收起義,也被鎮壓下去;共產黨開始實行「黨的支部建立在連上」的網絡式控制,流竄到井岡山地區,建立農村局部政權。

(三)湖南農民暴動——發動痞子造反

北伐期間,國民革命軍在征戰軍閥,共產黨在農村造反奪

權。

一九二七年的湖南農民運動也是流氓起義，與首場著名的共產革命巴黎公社流氓起義互相佐證。法國人民和當時在巴黎的外國人都親自見證，巴黎公社社員是毫無理想、破壞成性的一群流寇，住高樓大廈，吃美味珍饈，只知眼前快樂，不知有死。巴黎公社暴亂期間，他們實行報禁；把給國王宣講的達爾布瓦大主教抓做人質槍斃，暴殺教士六十四人；縱火焚燒宮殿；官署民宅，紀功碑，銘勳柱，無不摧毀槌碎以為快事。法國首都富麗甲天下，歐洲無可倫比，暴亂之後，樓台化為灰土，民眾慘成枯骨。凶殘慘酷之禍，古今罕有。

毛澤東承認，「農民在鄉里頗有一點子『亂來』。農會權力無上，不許地主說話，把地主的威風掃光。這等於將地主打翻在地，再踏上一隻腳。『把你入另冊！』向土豪劣紳罰款捐款，打轎子。反對農會的土豪劣紳的家裏，一群人湧進去，殺豬出谷。土豪劣紳的小姐少奶奶的牙床上，也可以踏上去滾一滾。動不動捉人戴高帽子遊鄉，『劣紳！今天認得我們！』為所欲為，一切反常，竟在鄉村造成一種恐怖現象。……質言之，每個農村都必須造成一個短時期的恐怖現象，非如此絕不能鎮壓農村反革命派的活動，絕不能打倒紳權。矯枉必須過正，不過正不能矯枉……在革命期內的許多所謂『過分』舉動，實在是革命的需要。」革命建立了恐怖秩序。

（四）北上抗日——失敗逃亡

中共把「長征」說成是北上抗日，把「長征」炒成了中國革

命的神話：長征是「宣言書」、「宣傳隊」、「播種機」，以我們的勝利、敵人的失敗而告結束。

北上抗日是中共掩蓋失敗的一個無恥謊言，史實是一九三三年十月至一九三四年一月共產黨的第五次反圍剿遭到慘敗，中共農村政權相繼喪失，根據地日益縮小，中央紅軍被迫逃亡。這才是「長征」的起因。

向西突圍，曲線接近外蒙和蘇聯是真正的長征路線意圖。當時中共步履維艱，西進靠近外蒙，不至腹背受敵遭聚殲，兵敗則進入蘇聯。選擇走山西和綏遠，一方面可以高舉抗日大旗爭得民心，另一方面是這一帶安全，沒有日本人，日軍侵占的是長城一線。一年後共產黨長征逃亡到陝北時，中央紅軍主力由八萬多人減至六千人。

（五）西安事變——成功用間，二次附體

西安事變，指發生於一九三六年十二月張學良、楊虎城在西安扣留蔣介石的兵變。

按照中共的教科書，西安事變是張、楊逼蔣抗日的「兵諫」，邀請中共代表周恩來赴西安商討事變善後事宜，在全國各界的調停下，事變和平解決，結束了十年內戰，促使抗日民族統一戰線形成，成為扭轉中國危局的關鍵。中共把自己描繪成一個顧全大局、愛國抗日的紅臉。

越來越多的資料揭示出，西安事變前夕楊虎城、張學良身邊已聚集了許多共產黨的特務。地下黨員劉鼎，經宋慶齡介紹到張學良身邊。西安事變發生後，毛澤東表揚說：「西安事變，劉鼎

是有功的。」而楊虎城的身邊，夫人謝葆真直接就是共產黨，在楊的軍政治部工作，她是在一九二八年一月，經中共黨組織批准和楊虎城結婚的。後來官至外交部副部長的共產黨人王炳南，當時是楊公館的座上客。正是他們這些楊、張周圍的許多中國共產黨員直接策劃了這次兵變。

事變之初，中共的領導人很想殺掉蔣介石，以報圍剿之仇。當時中共在陝北力量已經很弱小，處於一役就可能被徹底消滅的困境，中共盡其煽、騙之能事，策動張、楊兵變。斯大林出於牽制日本避免其攻打蘇聯的需要，親自寫信給中共中央，指令不殺蔣介石，要二次國共合作。毛澤東和周恩來也看到，憑當時中共的力量絕對不可能吃掉國民黨，殺了蔣介石，共產黨更可能被趕來報仇圍剿的國民黨軍隊所消滅。中共立刻改變腔調，以聯合抗日為名，迫使蔣介石接受二次國共合作。

共產黨策動兵變在先，把蔣介石置於屠刀之下，卻又轉過身來唱紅臉，逼著蔣介石答應再次接納共產黨。中共不僅躲過滅頂之災，而且得以二次附體國民政府，紅軍變成了八路軍，再次發展壯大。中共之狡詐欺騙，不可不稱高手。

（六）抗日戰爭──借刀殺人，擴大自己

抗日戰爭爆發時國民黨有一百七十餘萬軍隊，十一萬噸排水量的軍艦，各種飛機約六百架。共產黨加上一九三七年十一月改編的新四軍，總數仍沒超過七萬人，內部還爭權分裂，已弱小到只需一戰便可根除的程度。中共知道，如果把隊伍拉出去跟日本人打仗，一個日軍師團也打不過。中共的眼裏，領導權而不是民

39

族存亡，才是民族統一戰線的中心問題，於是策劃了「在聯蔣過程中必須為爭取領導權而鬥爭，但這只能在黨內講，並在實際工作中實現」的方針。

九・一八事變後，中共所為是和日本侵略者互相配合、並肩作戰。在滿洲事變宣言中，中共號召全中國人民「在國民黨的統治區域，工人罷工，農民騷動，學生罷課，貧民罷業，士兵嘩變」，推翻中國政府。

共產黨高舉抗日大旗，卻只在後方收編地方軍和游擊隊，除了平型關等幾個屈指可數的對日戰鬥外，共產黨無抗日戰績可言，只是在忙於擴大地盤，在日本投降時搶著受降日軍，把自己擴充成號稱擁有九十餘萬正規軍和兩百萬民兵的強大力量。抗日的正面戰場則全留給了國民黨軍隊，國民黨戰死疆場的將軍二百多人，共產黨的指揮官幾乎毫無損失。中共教科書一再告訴人民，國民黨不抗日，是共產黨領導了抗日戰爭的偉大勝利。

（七）延安整風——開創令人聞風喪膽的整人模式

用抗日的名義吸引了無數愛國青年來到延安，在延安用整風迫害了成千上萬的革命青年。中共在建國以後把延安描繪成「革命聖地」，卻不講延安整風的罪惡。

延安整風運動是人中最恐怖、最黑暗、最殘暴的權力遊戲。以整肅小資產階級毒素的名義，黨清洗著人的文明、獨立、自由、容忍、尊嚴等價值。整風的第一步，是建立每個同志的人事檔案，包括（1）自我概述；（2）政治文化年譜；（3）家庭成分與社會關係；（4）個人自傳與思想變化；（5）黨性檢討。

在檔案中要交代你出生以後所有認識的人，發生的事，發生的時間、地點，反覆地寫。發現有遺漏，就定成問題人物；還要交代參加過的所有社會活動，特別是入黨的經過。重點交代參加活動過程的所思所想。最關鍵的是黨性檢討，主要瞭解在思想意識上、言論上、工作態度上、日常生活上、待人接物上，是否有反黨性的行為。以思想意識為例，要檢查入黨、入伍後是否計較個人利益，是否藉黨的工作達到私人的目的。對革命前途是否動搖過，或者戰鬥怕死，想家想老婆。因為沒有客觀標準，每個人都被發現有問題。

審查幹部使用逼供信，清理內奸，必然產生無數冤假錯案。整風時代的延安，被稱做是一座人性的煉獄，傷害了大批幹部。抗日軍政大學進駐了審幹工作組，兩個月的赤色恐怖，即席坦白，示範坦白，集體勸說，五分鐘勸說，個別談話，大會報告，抓水蘿蔔（外紅內白）。照像，是把人一批一批弄上台讓大家看。面不改色者，就沒有問題，否則就是嫌疑分子，審查對象。

連共產國際的代表都受不了，說延安的情形令人喪氣，人們不敢與他人交往，各懷鬼胎，人人流露出緊張和恐懼，每人都不敢為真理及為被誹謗中傷的朋友辯護，只求保住自己的性命，惡棍因阿諛平步青雲，侮辱同志、自我羞辱成為延安生活的特性。人們快瘋了，大家都但求保住生命和飯碗，榮辱尊嚴、同志間的愛都被拋棄得一乾二淨。人們不再表達自己的意見，而是背誦黨領袖的文章。這一套做法幾乎不做任何改動，就可做為共產黨中國成立後大小運動的寫照。

（八）三年內戰——賣國奪權

俄國的二月革命是一個溫和的資產階級革命，沙皇也以國家民族為重，退位而不是反抗到底。列寧急忙從德國趕回俄國，又搞了一次政變，把推翻沙皇的資產階級革命者們殺害，搞起共產革命來，把俄國的資產階級革命扼殺了。中共和列寧一樣，把國民革命的勝利果實摘取了，在抗日戰爭勝利後，發動了推翻國民黨政府的「解放」戰爭，把中國再次推入戰爭災難。

中共以人海戰術著稱。遼沈、平津、淮海戰役^{（編註）}用的是人肉做炮灰的最原始、最野蠻、最不人道的戰術。圍困長春的時候，為了消耗長春城內的糧食供應，解放軍奉命不許老百姓出逃。結果打長春兵困兩個月，活生生餓死凍死陣地前城門外逃難的國民近二十萬人而不肯網開一面，事後完全沒有一絲愧疚，說「解放長春兵不血刃」。

一九四七年至一九四八年，中共先後與蘇聯簽訂〈哈爾濱協定〉和〈莫斯科協定〉，出賣祖國權益和東北資源，換取蘇聯在外交和軍事上全面支持中共。雙方協定蘇共經常供應五十架飛機補充中共，將收繳的日本武器分兩期全部給予中共，蘇方控制的東北的彈藥、軍用物資平價售給中共。國民黨一旦對東北發動兩棲登陸攻勢，蘇共秘密協助中共軍隊作戰。蘇聯協助中共奪取新疆控制權；建立蘇中聯合空軍力量；裝備中共十一個師。把美國援助蘇聯的一百三十億美元的武器的三分之一運入東北。中共為

編註：一九四八年九月至一九四九年一月中共奪取政權的三次關鍵戰役，此後國民政府退守台灣。

了獲取蘇聯支持，承諾蘇聯對東北陸路、空中交通的特權；對蘇提供國民黨政府和美軍行動情報；以東北物產，棉花、大豆、戰略物資供應蘇聯，換取精良武器；蘇聯有優先開採中國礦產的權利；有權在東北和新疆駐軍；蘇聯可將遠東情報局設在中國。如果歐洲爆發戰爭，中共應派遠征軍十萬，勞工二百萬支援蘇聯。除此之外，中共還承諾將遼寧、安東省的特別區域在適當時併入朝鮮。

三、黨邪惡基因的表現

（一）黨史的特徵——永恆的恐懼感

永恆的恐懼感是中共黨史的最大特徵，維持生存成為共產黨與生俱來的最高利益。這種延續生存的最高利益，以強力支撐著那變換無窮的皮中之恐懼本質。它像原生癌細胞一樣擴散、滲透了肌體的每一個部位，使其他正常細胞死亡，任由惡性細胞瘋長。在歷史循環中社會解決不了共產黨這個變異的物質，任其擴散，每一層次和範圍都無法消化這種強力的變異因素，眾多社會被污染，更大面積地氾濫著共產主義或共產主義因素。這些東西又不斷地被共產黨加強和利用，從根本上變異了人的道德和社會。

共產黨是不講人們公認的道義原則的。共產黨的一切原則都絕對為其集團利益服務，以絕對自私為最高原則，沒有任何道義原則抑制其集團慾望。從它的自我原則為根本，它需要不斷披上

不同的外皮。在這個持續危機鎖鏈的早期，中共附著在蘇共上，附著在國民黨上，附著在國民政府實體上，附著在國民革命上；在它奪取政權以後，中共附著在各種機會主義上，附著在民意民情上，附著在社會機制和手段上，附著在一切之上，把每一次危機，都做為黨發家的機會，加強其強制手段。

（二）一以貫之的邪惡是起家的「法寶」

共產黨稱革命勝利靠的是三大「法寶」：統一戰線、武裝鬥爭、黨的建設。國民黨根據自己的教訓，給共產黨加了兩條：宣傳和使用間諜。黨的各大「法寶」都貫穿著共產黨所有的流氓基因：「邪、騙、煽、鬥、搶、痞、間、滅、控」。

馬列從本質上就是邪的。滑稽的是中共黨人都不懂馬列。林彪曾說沒有幾個中共黨員真正讀過馬列；瞿秋白被公認為思想家，承認僅僅看過一些馬列皮毛；毛澤東思想是農民造反的山溝馬列主義；鄧小平的社會主義初級階段理論姓資；江澤民的三個代表更是什麼也不是的拼湊了。中共不懂馬列，只是從馬列中繼承了邪，又在其邪惡基礎上塞進了他們更邪惡的私貨。

特別值得提出的是中共的統戰工作，是騙和短期收買的並用。統是為了戰，使共產黨從孤家寡人變成人多勢眾，改變雙方力量的對比。有統就有分，分出哪些是敵、我、友、左、中、右，分出哪些該拉，哪些該打，什麼時候去拉，什麼時候去打。上一階段可以化敵為友，下一階段可以化友為敵。比如民主革命時期團結資產階級，社會主義革命時期消滅資產階級。又比如民主黨派領導人章伯鈞、羅隆基等在奪取政權時期中共需要他們幫

腔，取得政權後不再需要，便打成右派。

（三）黨是成熟的流氓

黨有軟硬兩面功夫。軟功：宣傳、統戰、離間、特務、策反、兩面三刀、挖心、洗腦、造謠欺騙、掩蓋真相、心理戰、製造恐怖氣氛、恐懼症、健忘症；這些軟功可以滅人性，調動惡的一面。硬功：暴力、武裝鬥爭、鎮壓、政治運動、殺人滅口、綁架、消音、武鬥、定期嚴打等等；這些硬功是黨製造恐怖的保證。

黨往往是軟硬兼施，時鬆時緊，外鬆內緊，一放一收，引蛇出洞。中共不停地以民主來將國民黨的軍，但在共產黨統治區內的知識分子王實味稍有一點不同意見，就被當成典型整鬥，最後遭斧頭砍死，即有名的「野百合花事件」。一位參加過延安整風，挨過整的老幹部回憶道，當時被拉去逼供信，在極度高壓之下，不得不出賣自己的良心，編造謊言。第一次經受這種事情，想到自己對不起被牽連的同志，恨不得一死了之。剛好桌上放著一支槍，拿起來對準自己的腦袋，扣了扳機。沒有子彈！負責審查他的那位幹部這時走進來說，「做錯了事承認就好了。黨的政策是寬大的。」這樣，黨通過考驗知道你達到極限，也知道你是「忠於」黨的，於是過關了。黨總是這樣把你置於死地，欣賞了你全部的痛苦屈辱，在你痛不欲生時，親切地出來給你一條好死不如賴活的路。若干年後，這位老幹部在香港瞭解了法輪功，感到很好。但一開始鎮壓，所有先前的記憶全回來了，再不敢說法輪功好。

類似的例子還有末代皇帝溥儀，被關在監獄裏不斷看見別人被殺，以為自己也要被處死了，出於活命的本能，主動配合，自己洗腦，最後寫了《我的前半生》，成為中共成功進行「思想改造」的典範。

據現代醫學研究，在恐懼高壓和被隔離的環境下，許多受害者會對施暴者產生一種畸形的依賴，以其喜怒哀樂為自己情緒的轉移，一旦後者施以小惠，前者便感激涕零，甚至生出「愛」來。這種心理學現象，早已被中共成功的運用於對敵人以至對人民的精神控制和思想改造之中。

（四）黨是最邪惡的

中共絕大多數總書記都曾經被打成為反黨分子。顯然，這個黨有自己的生命，是一個活的獨立的肌體。不一定是黨的領導人決定黨的方向命運，而是黨決定其領導人的命運。江西蘇區面對國民政府軍隊圍剿，連生存都成問題，卻一點不妨礙黨以打AB團（編註）的名義把自己人夜裏拉出去槍斃，或者用亂石砸死，要節省子彈。在陝北日本人和國民黨的夾縫裏生存，卻進行了以延安整風為名的內部大清洗，殺人無數。如此大規模的內部反覆大屠殺，卻不影響其擴大勢力最終統治中國大陸，把這種自相殘殺模式從當年的小小蘇維埃擴展到全國。就像一個惡性腫瘤，在瘋

編註：所謂AB團是指北伐期間國民黨右派組織AB反赤團。一九三〇年，毛澤東在江西蘇區搞了一場大規模的革命恐怖浪潮——「肅AB團」，幾千名紅軍官兵和根據地內的黨團員及普通群眾慘遭殺害。

長的過程中，核心壞死了，外圍還在不斷向健康的原生的肌體擴散。原來的肌體部分被滲透後，成長出新的腫瘤。不管一個人好壞，一旦進入中共，就成了破壞力量的一部分，越正直越認真，破壞性越大。毫無疑問，當這個肌體被徹底毀壞時也就是這個腫瘤自己的死亡期。可腫瘤卻是一定要這樣的。

中國共產黨公認的創始人陳獨秀是五四運動的文化人，不喜歡暴力，告誡共產黨人，如果強化國民黨內共產黨的政黨意識，對領導權有濃厚的興趣，必然會導致革命內部的緊張。五四一代最激烈的人物尚心存寬容之道。他是第一個被冠以「右傾機會主義」帽子的人。

另一位領導人瞿秋白認為共產黨應該親自去戰鬥，去廝殺，去組織暴動，去摧毀任何一級可能摧毀的政權，用極度無序的辦法使中國社會恢復秩序。不料，瞿秋白臨死前坦承：我絕不願意冒充烈士而死。我實質上離開了你們的隊伍好久了。唉！歷史的誤會叫我這「文人」勉強在革命的政治舞台上混了好些年。我始終不能夠克服自己紳士意識，我究竟不能成為無產階級的戰士。

黨的領導人王明奉命於共產國際，主張聯合抗日，而不是擴大共產黨根據地。在黨的會議上，毛澤東和張聞天不能說服他們的同志，他們苦惱無法將實質一語道破：憑紅軍當時的實力，無力聚殲日軍一個師團，憑一時的衝動把隊伍拉出去拚，中國的歷史肯定不是現在的樣子了。在「捨身取義」的傳統文化主導的人文場中，毛澤東只好保持了沉默。王明後來被定為先左傾後右傾的機會主義。

胡耀邦為歷次政治運動的冤假錯案平反，為共產黨賺回了民

心，仍然被打下去。趙紫陽為挽救共產黨搞改革，最後也沒有好下場。共產黨的各屆新政又能做什麼呢？真正要改革共產黨，共產黨就會滅亡，共產黨給他們的權力馬上喪失合法性。靠一個機器自己生產出來的力量改變它自己，到一定程度就肯定不行了。所以共產黨的改革毫無可能成功。

黨的領導人都是壞的，革命怎麼還能進行並且擴大？在許多最邪惡的時刻，共產黨的最高領導人敗下陣來，因為他們的邪惡勁兒都不夠水平，只有最邪惡的才能符合黨的需要。黨的領導人都是悲劇收場，黨自己頑強地活著。能生存下來的領導人不是能操縱黨的，而是摸透了黨的，順著黨的邪勁兒走，能給黨加持能量，能幫助黨度過危機的。難怪共產黨員與天鬥，與地鬥，與人鬥，就是不能與黨鬥，都是黨的馴服工具，最高境界也就是互相利用。

「痞」在今日已是黨的一大奇觀。黨的這個錯誤是張國燾的，那個錯誤是四人幫的。毛澤東的三七開（編註），鄧小平的四六開。黨卻從來沒有錯，黨錯了是黨自己糾正的，「向前看」，「不要糾纏歷史舊帳」。連共產主義的人間天堂都墮變成社會主義溫飽，連馬列主義都被「三個代表」取締，連自己都可以罵。為了維護其統治，如果人們見到共產黨搞民主，開放宗教自由，一夜之間拋棄江澤民，平反法輪功都不要奇怪。唯有一個東西不會改變－－那就是黨的集團目標、集團生存、集團權力的宗

編註：鄧小平評毛澤東的功過是三七開，即三分缺點錯誤，七分功績成就，將毛澤東的罪惡說成是錯誤，為其開脫。

旨不變，維護共產黨的權力和統治不變。

共產黨把暴力恐懼和高壓灌注成黨的理論綱領，化成黨性，黨的最高原則，化成領導人的靈魂，化成整個黨的運作機制和所有黨員的行動準則。黨是鋼性的黨，有鐵的紀律，統一的意志，全黨黨員的行動必須一致。

結 語

是歷史的什麼力量選擇了共產黨？為什麼不選擇別的要選擇中共？我們都知道世界上存在著兩種勢力，兩種選擇。一種是舊的、邪的勢力，它要進行惡的、負面的選擇。另一種是正的，好的勢力，要進行好的、善的方面的選擇。共產黨是舊勢力的選擇。之所以選擇共產黨，就是因為它集古今中外邪惡之大成，是邪惡的集中代表。它最會利用並欺負人們的善良，一步一步成了今天的氣候。

共產黨宣傳「沒有共產黨就沒有新中國」意味著什麼？一九二一年中共建黨到一九四九年共產黨奪取政權，都證明沒有共產黨的血腥和狡詐，就沒有它的天下。中共不同於歷史上的其他任何團體，因為按照馬克思和列寧編造的理論，根據中共的隨心所欲，可以把一切任意的行動都置於冠冕堂皇之中，蒙蔽、煽動或利用一部分群眾，做出強力的解釋，通過每日每時的各種宣傳，將中共的政策和策略披上理論的外衣加以實施，以證明其永遠正確。

中共的起家史是一個集邪惡之大全的過程，毫無光彩可言。

中共的起家史恰恰說明中共政權沒有合法性。不是中國人民選擇了共產黨，而是共產黨強售其奸，靠了其無比邪惡的基因「邪、騙、煽、鬥、搶、痞、間、滅、控」，把一個外來邪靈強加給了中國人民。

九評 之三

評中國共產黨的暴政

↑1958年「大躍進」全民土高爐「煉鋼」場景。此一行為造成森林毀滅、生產力水平下降及巨大財政損失，並因消耗人力導致農業歉收，加重了始於1959年的大饑荒。

→中共內鬥整肅不斷，彭德懷（左）、萬里（右）在文革期間被指為「三反分子」和「反革命修正主義分子」掛牌批鬥。一般認為，彭德懷、萬里為中共高層中少數較為耿直清廉者。

→1989年「六四」鎮壓後，數名全副武裝的士兵擊倒圍毆一位學生。

前　言

提到暴政，中國人往往會聯想到秦始皇的苛政與焚書坑儒。秦始皇「竭天下之資財以奉其政」（《漢書‧食貨志》）的苛急暴虐集中表現在四個方面：征斂無度、賦稅奇重；好大喜功、濫用民力；嚴刑峻法、鄰里連坐；箝制思想、焚書坑儒。秦朝統治中國時，全國約有一千萬人口，秦王朝竟徵用了二百萬人為役。秦始皇進而把嚴刑峻法施於思想領域，大肆禁錮思想自由，曾將非議朝政的儒生方士殺之千餘。

與「狼虎之秦」相比，共產黨的暴虐有過之而無不及。人所共知，共產黨的哲學是鬥爭的哲學。共產黨的統治也是建立在一系列對內對外的「階級鬥爭」、「路線鬥爭」、「思想鬥爭」之上。毛澤東自己也曾直言不諱：「秦始皇算什麼？他坑了四百六十個儒，我們坑了四萬六千個儒。有人罵我們是獨裁統治、是秦始皇，我們一概承認，合乎實際。可惜的是，你們說得還不夠，還得要我們加以補充。」

讓我們來回憶一下中國在共產黨統治之下步履艱難走過的五十五年，看一看中國共產黨在奪取政權之後是怎樣利用政府機制，以階級鬥爭為綱領來實行階級滅絕，以暴力革命做工具來實行恐怖統治的。它「殺人」與「誅心」並用，鎮壓共產黨之外的一切信仰；粉墨登場，為共產黨在中國的「造神」運動拉開了大幕。根據共產黨的階級鬥爭理論和暴力革命學說，不斷地消滅不同範圍和群體中的異己分子。同時，用鬥爭加欺騙的手段強迫全國人民成為它暴虐統治下的順民。

一、土地改革－－消滅地主階級

建國僅三個月，共產黨就著手在全國全面開展土地改革。用「耕者有其田」的口號，鼓動無田的農民鬥爭有田的農民，鼓勵、放縱人性中自私自利、為所欲為、不講道德的一面。同時，在土地改革總路線中明確提出「消滅地主階級」，在農村廣泛劃分階級、定設成分、給全國不下二千萬人帶上「地、富、反、壞」的帽子，使他們成為在中國社會備受歧視、打擊、沒有公民權利的「賤民」。與此同時，隨著土地改革深入到邊遠地區和少數民族，共產黨的黨組織也迅速擴大，發展到鄉有黨委、村有支部。黨支部上呈下達，貫徹黨的旨意，他們往往是衝在階級鬥爭的第一線，挑動農民鬥爭地主，致使近十萬地主喪生。更有地區對地主實行滿門抄斬，以達到滅絕其階級，連婦女兒童也不能倖免。

在這期間，共產黨在全國農村掀起了第一輪「毛主席是人民的大救星」、「只有共產黨才能救中國」的宣傳。土地改革中不勞而獲、強取豪奪、為所欲為的政策使少數農民得到實惠，也有不少貧苦農民對共產黨感恩戴德，因而接受了共產黨是為人民的說法。

對於分得土地的農民來講，「耕者有其田」的好景並不長久。不到兩年，共產黨就開始了一系列強加在農民身上的運動：互助組、初級社、高級社、人民公社。在批判「小腳女人」的緊鑼密鼓中年年加碼，要農民「跑步」進入社會主義。在全國實行糧、棉、油統購統銷，把全國主要農業產品排斥在市場交流之

外。更增加了戶籍制度，不許農民進城工作居住。有農村戶口的人不能去國家糧店買糧，子女也不能進城上學。農民的子女只能再做農民。從此，中國三億六千萬農村戶口持有者成為中國社會的二等公民。

直到改革的年代，「一部分人先富起來」了，但九億農民除了在家庭承包制取代人民公社的最初五年，收入有所提高、社會地位相對改善之外，他們被緊跟著的農工產品價格傾斜所逼迫，再度沉陷在貧困之中。城鄉居民收入差別急劇擴大，貧富懸殊，農村重新有人成為新地主、新富農。新華社發表的資料表明，一九九七年以來「糧食主產區和多數農戶收入持續徘徊甚至減收」。也就是說，農民在農業中的所得不是增加了而是減少了。城鄉居民收入差距由上世紀八十年代中期的1.8比1，擴大到3.1比1。

二、工商改造－－消滅資產階級

另一個要被共產黨消滅的階級是城鄉的民族資產階級。在工商改造中，共產黨宣稱：資產階級與工人階級有本質的不同，即：一是剝削階級，一是不剝削和反剝削的階級。資產階級的剝削是與生俱來、至死方休，只能消滅、不能改造。在此前提下，對資本家和商人的改造中就更加重了「殺人」與「誅心」並用。其原則還是順者昌、逆者亡。你如果上交資產並表示擁護共產黨，則定為人民內部矛盾。你如果有反感、有怨言，則劃為反革命成為國家的專政對象。在工商改造的腥風血雨中，資本家、

業主、商販統統上交了他們的資產。其中有不少不堪屈辱而輕生的。當時在上海任市長的陳毅就曾每天詢問「今天又有多少空降兵？」指那一天又有多少資本家跳樓自殺。這樣在幾年內，共產黨就在中國全面取消了私有制。

在土改和工商改造的同時，共產黨發動了鎮反、思想改造、打倒高崗饒漱石反黨集團、清查胡風反革命集團、三反、五反、肅反等一系列的全國大規模整人運動。每次運動共產黨都動用它所掌握的政府機制連同黨委、總支、支部，凡三人則成一戰鬥堡壘，深入鄉村街道。無處不在，無事不管。這種從戰爭年代帶過來的「支部建在連隊上」的網絡式控制結構，在後來一系列的政治運動中，一直起著關鍵的作用。

三、取締會道門與鎮壓宗教

建國初期發生的另一事件是對宗教的暴虐鎮壓和對會道門的全面取締。一九五〇年，共產黨對各地政府發出指示，要求他們全面取締會道門，即當地的宗教及幫會組織。文件中指出，封建會道門組織乃是國民黨特務及地、富、反革命分子操縱的工具。在這場波及全國鄉鎮的運動中，政府動員了它們認定的可依靠階級揭發打擊會道門的成員。各級政府參與解散「迷信」組織，諸如基督教、天主教、道教（特別是一貫道）、佛教等組織。要求這些教會、佛堂、幫派的成員到政府登記並悔過自新。如不按期登記，一經查明，定予嚴懲。一九五一年政府明文頒布，對繼續會道門活動者處以死刑或無期徒刑。

這次運動打擊了廣大信神向善、遵紀守法的普通老百姓。據不完全統計，共有不下三百萬教徒、幫會成員被抓被殺。在廣大的城鎮鄉村，幾乎每戶都遭到盤查，連農民供的灶王爺也被砸碎。在殺人的同時，更進一步確立了只有共產黨的思想體系才是唯一合法的思想體系，只有共產主義才是唯一合法的信仰。從此以後，便有了所謂的「愛國」信徒。只有做了「愛國」信徒才能受到國家《憲法》的保護。實際上，無論老百姓信的是什麼教，標準只有一個：就是要在行為上服從黨的指揮，承認共產黨是高於一切教會的。你信基督教，那共產黨就是上帝的上帝；你信佛教，那共產黨則是佛祖的佛祖；講到回教，共產黨就是真主的真主；講到活佛，共產黨就要批准誰來做活佛。說到底，黨需要你說什麼，你就得說什麼；黨需要你做什麼，你就得做什麼。教徒們要高舉你們各自的信仰去遵行黨的旨意。如果不這麼做，就成為打擊、專政的對象。

有兩萬多名基督徒對中國二十二個省、二百零七個大小城市的五十六萬名家庭教會基督徒進行了走訪調查，證實在家庭教會信徒中有十三萬人被監視居住。僅在一九五七年之前，就有一萬一千多名教徒被殺，大量教徒被任意拘捕或被勒索性罰款。

至此，共產黨在中國消滅了地主階級、資產階級、迫害了廣大城鄉敬神守法的人民而建立了共產黨一教統天下的根基。

四、反右運動－－誅心全國，以為其用

一九五六年，一批匈牙利知識分子組織了「斐多菲」俱樂

部，被蘇聯出兵鎮壓，稱為「匈牙利」事件，毛澤東引以為戒。一九五七年，共產黨在中國使用了「百花齊放、百家爭鳴」的口號，號召中國的知識分子和群眾「幫助共產黨整風」。其意在於把他們中的「反黨分子」誘騙出來。毛澤東在一九五七年初給各省黨委書記的信中表露出藉鳴放和整風「引蛇出洞」的意思。

當時有幾句鼓勵人們鳴放的說詞，叫做「不揪辮子、不打棍子、不戴帽子、絕不秋後算帳」。結果一場反右鬥爭劃定了五十五萬名「右派分子」。二十七萬人失去公職。二十三萬被定為「中右分子」和「反黨、反社會主義分子」。有人把共產黨的整人權術整理為四條：（1）引蛇出洞；（2）羅織罪狀、突然襲擊、一言定乾坤；（3）明講治病救人，實則無情打擊；（4）逼人自我批判，無限上綱。

那麼，引起這麼多右派和反黨分子近三十年流放邊遠寒苦地區的「反動言論」，究竟是什麼呢？當時被萬箭齊發、密集批判的右派「三大反動理論」是由羅隆基、章伯鈞和儲安平幾次討論會發言組成的。細看他們的意見和建議，簡而言之，無非是要建立一個有共產黨和民主黨派共同組成的委員會以檢查三反、五反、肅反工作中的偏差（羅）。國務院常常出了成品要政協、人大等機構表態，建議要把政協和人大的人加進政策形成的過程中去（章）。黨外人亦有見解、自尊心和對國家的責任感，不要在全國範圍內，不論大小單位，甚至一個科一個組，都安排一個黨員做頭兒。事無鉅細，都要看著黨員的臉色做事（儲）。這幾個人都明確表示了願意跟著共產黨走，提的意見也都沒有越出魯迅所描述的「老爺，您的袍子髒了，請脫下來洗一洗吧！」的範

圍。

劃成「右派」的人中並沒有人提出要推翻共產黨，不過是批評、建議。就是這些批評、建議使數十萬人失去了人身自由，給數百萬家庭帶來了苦難。隨之而來的，還有「向黨交心」、拔白旗^(編註)、新三反、下放勞動和劃漏網右派。誰對本單位領導，特別是黨委書記有意見，誰就是反黨。其下場輕者是不斷被批判，重者則勞動教育或全家遷送農村。這些人連同他們的子女上大學、參軍都沒有份，就是到縣城找個工作也是不可能。從此他們失去了勞保、公費醫療，加入了農民的行列，成了二等公民中的賤民。

自此以後，一部分學者形成了牆頭草，隨風倒的雙重人格。他們緊跟「紅太陽」，亦步亦趨，成為共產黨的「御用知識分子」而不能自拔。另一些人則清高自遠，對政策問題噤若寒蟬。以天下為己任的知識分子像是徐庶進了曹營，一言不發了。

五、大躍進－－指鹿為馬，以試其忠

反右之後，中國進入了恐懼事實的狀態。聽假話、說假話、做假事，逃避事實、歪曲事實成為世風。「大躍進」便是一次全國集體編造謊言的大爆發。人們在共產黨的邪靈引導下，做出了許多荒誕不經的蠢事。說謊者和受騙者同樣自欺欺人。在這場謊

編註：社會主義用「白」來比喻資產階級、資本主義的方向，當時有一句形象性的口號「插紅旗，拔白旗」。

言與愚行的鬧劇中，共產黨強制地把它的暴虐邪氣植入了全國人民的精神境界。人們高唱著「我就是玉皇，我就是龍王，喝令三山五嶺開道，我來了！」的躍進歌謠，實施著「畝產萬斤，鋼產翻番，十年超英，十五年趕美」的荒誕計劃，轟轟烈烈，經年不醒。直到大饑荒席捲中國，餓殍遍野、民不聊生。

在一九五九年的廬山會議上，與會者誰不知道彭德懷的意見是正確的？誰不知道毛澤東的大躍進是荒唐、專斷的？但擁護不擁護毛澤東的路線是「忠」與「奸」，生與死的界限。當初趙高指鹿為馬，並非不知何為鹿，何為馬，而是為了左右輿論，結黨謀私，讓天下人盲目服從而不敢略有爭議。最後，彭德懷本人也不得不違心地在打倒彭德懷的決議上簽了字。正如鄧小平在文化革命後期不情願地保證「永不翻案」一樣。

由於人類社會總要靠已有的經驗來認識世界，拓展思維，而共產黨使人們對整個社會的經驗教訓所知甚少，再加官方公共媒體的封閉消息，人們判斷是非的能力日見低下。下一代人對前一次運動中「慷慨歌燕市」的有識之士的理念、理想和經驗完全無知，只能靠零星的片段來瞭解歷史並判斷新的事物。自以為正確無誤，其實謬之千里。共產黨的愚民政策就是靠了這種方式而大行其道。

六、文化大革命－－邪靈附體，乾坤倒轉

文化革命是共產黨邪靈附體全中國的一次大表演。一九六六年，中國大地上掀起了又一股暴虐狂潮。紅色恐怖的狂風咆哮，

如發瘋孽龍，脫韁野馬，群山為之震撼，江河為之膽寒。作家秦牧曾這樣描述中國的文化大革命：「這真是空前的一場浩劫。多少百萬人連坐困頓，多少百萬人含恨以終，多少家庭分崩離析，多少少年兒童變成了流氓惡棍，多少書籍被付之一炬，多少名勝古跡橫遭破壞，多少先賢墳墓被挖掉，多少罪惡假革命之名以進行。」據專家們的保守估計，文化大革命中非正常死亡者達七百七十三萬人。

　　人們對文化革命中的暴力和屠殺往往有一種錯覺，覺得這些大都是在無政府狀態下由造反運動形成的。殺人者也都是「紅衛兵」、「造反派」。但根據中國出版的數千冊縣誌所提供的資料，文革中死人最多的時期不是紅衛兵造反有理，中央各級政府處於癱瘓的一九六六年底，也不是造反派武鬥正盛的一九六七年，而是「各級革命委員會」已建立，毛澤東恢復了對國家機制全面控制的一九六八年。在全國著名大屠殺案件中，濫施暴力、血腥殺伐的大多是政府控制的軍隊、武裝民兵和各級黨員骨幹。

　　從下面這幾個例子中我們可以看到，文革中的暴行並非紅衛兵、造反派的一時過激行為，而是共產黨和地方政權的既定決策。文革時期的領導人與各級權力機構對暴政的直接指揮和參與，常常被遮掩起來而不為人知。

　　一九六六年八月，北京紅衛兵以「遣返」為名，把歷次運動中劃為地、富、反、壞、右的北京市居民強行趕出北京押往農村。據官方不完全統計，當時有三萬三千六百九十五戶北京市民被抄家，有八萬五千一百九十六人被驅逐出城、遣返原籍。此風很快在全國各大城市蔓延，多達四十萬城市居民被遣返到農村。

連有地主成分的共產黨高級幹部的父母也未能倖免。實質上，這種遣返行動是中共在文革前就安排好了的。彭真任北京市長時就說過，要把北京居民成分純淨為「玻璃板、水晶石」，即把成分不好的市民全部趕出北京。一九六六年五月，毛澤東發出「保衛首都」的指示，成立了以葉劍英、楊成武和謝富治為首的首都工作組。這個工作組的任務之一就是通過公安局大規模遣返「成分不好」的居民。如此就不難理解，為什麼紅衛兵對超過2%的北京市居民抄家遣返，不但未被政府阻止，相反還得到市、區公安局和街道派出所的大力支持。當時的公安部長謝富治曾要求公安幹警不要去阻攔紅衛兵，要為紅衛兵當「參謀」，提供情報。紅衛兵不過是被當局所用。到了一九六六年底，這些紅衛兵也被共產黨拋棄，不少人被宣布為「聯動分子」而入獄。其他的隨大批「知識青年」被送到鄉下參加勞動、改造思想。當時主持遣返活動的西城紅衛兵組織，就是在共產黨領導人的「親自關懷」下成立的，他們的通令也是由當時的國務院秘書長修訂後發表的。

繼北京遣返地、富成分的人去農村，農村也掀起了又一輪對地、富成分人群的迫害。一九六六年八月二十六日在北京市所屬的大興縣公安局的局務會上，傳達了公安部長謝富治的講話。其中要點之一是公安幹警要為紅衛兵當參謀，提供黑五類（地、富、反、壞、右）的情報，協助抄家。大興縣的屠殺運動直接來自縣公安局的指令。組織殺人行動的是公安局的主任、黨委書記。動手殺人，連孩子都不放過的大多是民兵。

文革中，很多人因在屠殺中「表現好」而得以入黨。據不完全統計，在文革中突擊入黨的，在廣西一省有九千多人是殺人後

入黨的，有二萬多人是入黨後殺人的，還有與殺人有牽連的一萬九千多人。單從這一省的統計，就有近五萬共產黨員參與了殺人事件。

文革中，對「打人」也要進行階級分析：好人打壞人活該；壞人打好人光榮；好人打好人誤會。毛澤東當年講的這句話在肆虐一時的造反運動中廣為流傳。既然對階級敵人的暴力是他們「活該」，那麼暴力和殺戮也就廣泛傳播開去。

一九六七年八月十三日到十月七日，湖南道縣人民武裝部的基層民兵屠殺「湘江風雷」組織成員及黑五類。歷時六十六天涉及十個區，三十六個公社，四百六十八個大隊，二千七百七十八戶，共四千五百一十九人。全地區十個縣共死九千零九十三人，其中「地富反壞」占38％，地富子女占44％。被殺人中，年紀最大的七十八歲，最小的才十天。這僅僅是文革暴行中，一個地區的一個事件。在一九六八年初「革委會」成立後的清查階級隊伍運動中，內蒙古清查「內人黨」製造了三十五萬餘人被殺的血案。一九六八年在廣西有數萬人參與了對「四‧二二」群眾團體的武裝大屠殺，死人十一萬。

由此可見文革中的暴力屠殺首案、大案全是國家機器的行為，是共產黨領導人縱容和利用暴力迫害殘殺百姓。直接指揮和執行這些屠殺的兇手多是軍隊、警察、武裝民兵和黨團骨幹。如果說，土改是為了土地而依靠農民打地主，工商改造是為了資產而依靠工人打資本家，反右是為了讓知識分子緘口，那麼文化革命中這種你鬥我，我鬥你，並無哪個階級是可依靠的，即便你是共產黨依靠過的工人農民，只要觀點不一致，就可以殺你。這究

竟是為了什麼？

這就是為了造就共產黨一教統天下的大勢。不光統治國家，還要統治每一個人的思想。文化革命使共產黨、毛澤東的「造神」運動登峰造極，一定要以毛澤東的理論獨裁一切，置一人之思想於億萬人腦中。空前絕後的是文化大革命不規定有什麼事情是不能做的，而是「什麼可以做，要怎樣去做，而除此之外什麼都不能做、不能想」。文革中，全國人民實行著宗教崇拜一樣的「早請示，晚匯報」，每天數次敬祝毛主席萬壽無疆，早晚兩次政治禱告。認字的人幾乎人人寫過自我批評和思想匯報。言必稱語錄，「狠鬥私字一閃念」，「理解要執行，不理解也要執行，在執行中加深理解」。文革中只允許崇拜一位「神」，只誦讀一本「經」——《毛主席語錄》。進而到不背語錄、不敬祝就無法在食堂買飯。買東西、坐汽車、打電話也要背一句毫不相干的語錄。人們在做這些事的時候，或狂熱興奮，或麻木不仁，已經完全被罩在共產黨的邪靈之下。製造謊言、容忍謊言、依靠謊言業已成為中國人生活的方式。

七、改革開放－－暴虐未變，與時俱進

文革是鮮血淋漓、怨魂飄零、棄絕良知、顛倒黑白的時代。文革以後城頭變換大王旗，共產黨及其領導下的政權，在二十幾年裏交替更換了六代領導人。私有制又回到中國，城鄉差別加大，沙漠劇增，江河斷流，販毒賣淫有增無減。所有中國共產黨曾經提出要消滅的「罪惡」又被中國共產黨扶持起來。

　　共產黨的豺狼心、蛇蠍性、鬼魅行、禍國術有增無減。「六四」用坦克開進天安門廣場槍殺學生、對法輪功修煉者的殘暴迫害更是罄竹難書。二○○四年十月，為徵用農民土地，陝西省榆林市政府出動一千六百多名防暴警察抓捕槍傷五十多名農民。現在的中國政治統治還是基於共產黨的鬥爭哲學與暴力崇拜。唯一不同的，是更加具有欺騙性。

　　法律：由於共產黨政權不斷地人為製造鬥爭，把大批的人打成反革命分子、反社會主義分子、壞分子及邪教徒，共產黨獨裁專制集團和各種人民團體之間產生了尖銳衝突。共產黨則在「維護秩序，穩定社會」的幌子下，不斷地修改「法律」和「條令」，把人民的不滿行為納入反革命行為加以鎮壓。一九九九年七月，江澤民在政治局多數人反對的情況下作出私人決定，要在三個月內消滅法輪功，一時間謠言鋪天蓋地而來。江澤民個人對法國某家媒體宣布法輪功是「邪教」後，官方媒體趕緊發表文章對全國各界施加壓力，並脅迫全國人民代表大會通過一個不倫不類的「決定」來處理邪教，隨後最高法院和最高檢察院發了一個對人大「決定」的「解釋」。一九九九年七月二十二日，新華社發布中共中央組織部負責人、中共中央宣傳部負責人等的講話，公開支持江澤民迫害法輪功。從而使得廣大人民群眾捲入了這場人神為之震怒的迫害之中，因為是「（黨）中央」定性了的，他們只能擁護執行，根本不敢提出異議。五年來國家機構動用了四分之一的財力來鎮壓法輪功。全國人民人人過關，凡承認修煉法輪功而不肯放棄的人很多被開除公職，關押勞改。他們並沒有違犯法律，也沒有叛國反對政府，只因為相信真善忍就有成千上萬

人被關押。雖然中共重重封鎖消息，透過親屬核實知道被殺害的人已有一千一百多人，不知道的人數更多。

新聞：據香港《文匯報》二〇〇四年十月十五日報導，中國第二十顆科學試驗衛星返回地球，砸毀四川省大英縣蓬萊鎮霍積玉的房屋。報導援引了大英縣政府辦公室主任艾裕慶的話說，「這個『黑砣砣』的確是科學衛星的返回艙」，而他本人就是衛星回收的現場副總指揮。但新華社辦的新華網只發了衛星返回的時間，並強調這是中國回收的第二十顆科學與技術試驗衛星，卻隻字未提衛星砸毀民房的事實。這類報喜不報憂的手法是新聞媒介根據共產黨的指示而採用的一貫做法。在歷次運動中，報紙和電視推波助瀾、造謠傳謠才能使得共產黨的方針政策得以實施。共產黨一聲令下，全國媒體立即執行。黨要反右，全國各報異口同聲地報導右派的罪惡。黨要辦人民公社，全國各報則齊聲讚美人民公社的優越。在鎮壓法輪功的第一個月內，媒體每天在黃金時間段一遍又一遍地給全國人民洗腦。自此以後江澤民動用一切大眾傳播媒體不斷編造、宣傳，使民眾仇恨法輪功的「自殺」、「殺人」等假新聞、假事件。其中導演的「天安門自焚」假案，被國際教育發展組織指責為政府帶頭欺騙民眾的行為。在這五年裏，中國國內沒有一份報紙，沒有一個電視台報導過法輪功的真實情況。

人們對新聞報導作假已見怪不怪。新華社資深記者自己也說：「新華社的報導那怎麼能相信呢」？民間更是把中國的新聞機構形容為共產黨的一條狗。有民謠唱道：「它是黨的一條狗，守在黨的大門口。讓它咬誰就咬誰，讓咬幾口咬幾口。」

教育：教育是用來統治人民的另一副枷鎖。教育本是用來培養知識分子的。而知識是由「知」和「識」兩部分構成。「知」指信息、資料、對傳統文化及時事的瞭解；「識」指對所知的東西進行分析、研究、批判、再創造，即產生精神的過程。有知無識是書獸子，而不是真正被稱為是社會良心的知識分子。這就是為什麼中國歷來崇尚「有識之士」而不是「有知之士」的原因。在共產黨的統治下，中國知識分子有知無識者、有知不敢識者比比皆是。學校對學生的培養也是要他們知其不可為而不為之。一直以來，學校都設置有政治課、黨史，並沿用統一教材。教師並不相信教科書上的一些內容，但迫於「紀律」大講違心之話。學生也並不相信教科書和老師講的內容，但是還得死記硬背，以應付考試。在中學生、大學生期末考試，升學考試的試題中就出現過批判法輪功的題目，背不出標準答案的學生則無法得到高分進入好的高校。如果學生說真話，則馬上開除學籍，取消升學資格。

在民眾教育中，由於報紙、文件的影響，有許多耳熟能詳、家喻戶曉的話，例如「凡是敵人反對的我們就要擁護，凡是敵人擁護的我們就要反對」等語錄做為「真理」流毒甚廣，潛移默化，替代了人們的向善之心及以和為貴的倫理道德。二○○四年中國諮詢中心統計分析了大陸新浪網進行的一項調查，分析結果有82.6%的中國青年贊同在戰爭中虐待婦孺和戰俘。這個結果出人意料，但也反映了中國民眾，尤其是青年一代對傳統文化的仁政、人性缺乏最起碼的瞭解。二○○四年九月十一日，蘇州一歹徒狂砍二十八名兒童。九月二十日，山東一男子在一所小學砍傷

二十五名小學生。更有小學為了「創收」，讓教師強迫小學生手工製造鞭炮為學校集資，而造成爆炸傷人的事件。

貫徹執行政策：在共產黨的領導下，政策的執行往往採用了強迫、威嚇的手段。政治標語就是這種手段之一。長期以來，共產黨政權把貼標語的數量列為政績的一個標準。在文革期間，北京城一夜之間變成布滿標語的「紅海洋」。「打倒黨內走資本主義道路的當權派」比比皆是。到了鄉村，則簡寫為「打倒當權派」。近期，為了宣傳〈森林法〉，林業局各林業站、護林辦公室下達必須貼夠若干標語的硬性指標，貼不夠就沒有完成任務。結果，基層的政府單位就貼出大量的標語如「誰燒山，誰坐牢」。在中國近年的計劃生育運動中，更有大量聳人聽聞的標語如「一人超生，全村結紮」、「寧添一座墳，不添一個人」、「該紮不紮，房倒屋塌；該流不流，收田牽牛」。更有違反人權，違反《憲法》的標語如「今天不交稅，明天牢裏睡」。標語在本質上是一種傳播手段。它的傳播更具有直觀性和重複性，因而常被中國政府用來表示政治動向、意志和號召。政治標語也可以被看做是政府對人民講的話，而在這些宣傳政策的標語中不難看出它們所帶有的暴力傾向和血腥氣息。

八、全國洗腦，畫地為牢

中共最厲害的暴政統治工具是網羅式控制。以組織的形式，把犬儒主義加到每個個體身上。它不在乎前後矛盾，出爾反爾，就是要以組織的形式剝奪個人與生俱來的做人權利。政府統治

的觸角無處不在，無論城鄉，人民都要由街道委員會或鄉委會管理。一直到近期，就是結婚、離婚、生孩子，都要取得它們的同意。黨的意識形態、思想體系、組織方式、社會結構、宣傳機制、運作體系都為這種強權統治服務。黨要通過政府體系來控制每一個人的想法及每一個人的行動。

共產黨控制的殘酷性不僅僅在於肉體上的折磨，而是使人逐漸變成沒有獨立見解，或有獨立見解卻不敢放言以保平安的懦夫。它的統治目的在於給人人洗腦，讓他們想共產黨所想，言共產黨所言，行共產黨所倡導的事。人講：「黨的政策像月亮，初一十五不一樣」。但是不管共產黨怎樣變來變去，全國人民都要緊跟不捨。當你做為被依靠的力量去打擊別人時，要感謝共產黨的「知遇之恩」。當你受到打擊時，要感謝共產黨的「教育」之恩。當你知道打擊你是錯誤的，要給你平反時，又要感謝共產黨的「寬宏大度、知錯能改」。共產黨的暴政就是在不斷的打擊與平反中得以實施的。

經過五十五年的暴虐統治，全國人民的思想已經是被「畫地為牢」，禁錮在共產黨所允許的思想範圍之內。出格一步就是罪。通過反覆多次的鬥爭，愚昧被讚揚為智慧，怯懦已成為生存之道。在互聯網成為信息交流主要載體的現代信息社會，老百姓連上網時都被要求自律，不去看外面的新聞，不去看有「人權、民主」字樣的網站。

共產黨的洗腦運動是如此荒唐，如此殘暴，如此卑鄙，如此無所不在。它改變了中國社會的價值取向和倫理道德，徹底改寫了中華民族的行為準則和生活方式。並不斷用肉體和精神的摧殘

加固共產黨一教統天下的絕對權威。

結語

綜上所述，為什麼共產黨要年年鬥、月月鬥、日日鬥，生命不息、鬥爭不止。為達到這一目的不惜殺人、不惜破壞生態環境、不惜讓中國大部分農民及城市居民長期生存在貧困之中呢？

這是為了共產主義的理想嗎？不是。共產主義的原則之一是剷除一切私有制，因為它認為私有制是一切罪惡的根源。共產黨在奪取政權的初期也曾試圖全面剷除私有制。改革開放以來，私有制已經回到中國。《憲法》也規定保護私有財產。脫開共產黨的障眼法，人們就能看清，五十五年來，共產黨的統治不過是導演了一齣財產再分配的人間鬧劇，走了幾個回合，最終把別人的資產變成了自己的私有財產而已。共產黨的另一原則表明它是「工人階級的先鋒隊」，它的任務是消滅資產階級。但現在，共產黨的黨章中已明文規定資本家可以入黨。共產黨內部已無人再相信共產黨和共產主義。「名不正則言不順」，共產黨如今只剩下一張皮，已無實質可言。

那麼，這樣的長期鬥爭是為了保護黨的隊伍清廉純潔嗎？不是。共產黨執政五十五年，如今全國上下共產黨的幹部貪污受賄、妄行不法、誤國害民，層出不窮。中國有大約兩千萬黨政官員，近年來已查出有八百萬官員因腐敗犯罪被懲處。中國每年更有近一百萬人上訪狀告那些還沒有被查出的腐敗分子。僅二〇〇四年一月至九月，中國國家外匯管理局對三十五家銀行和四十一

家企業的違規辦理結匯業務進行立案查處，就查出違規結匯金額達一億二千萬美元。據統計，近年來有不下四千名卷款私逃的共產黨政府幹部，偷盜的國家公款高達數百億美元。

那麼，這樣的鬥爭是為了提高人民的素質和覺悟，讓大家關心國家大事嗎？也不是。如今的中國物慾橫流、人心不古、騙親宰熟，俯仰皆是。許多中國人對大是大非的問題不知不言或知而不言，不講真心話成了在中國平安生存下去的最基本素養。與此同時，民族主義的情緒一次又一次因空穴來風般的原因被煽動起來。中國人可以由政府組織到美國駐中國大使館去扔石頭，放火燒美國國旗。要麼當「順民」要麼當「暴民」，就是不能做有人權保證的公民。文化修養是提高素質的根本。中國立國數千年，孔孟之道給人們設定了禮儀綱紀。「如一棄之，則人皆無主，是非不知所定，進退不知所守……是大亂之道也。」

共產黨的鬥爭哲學就是為了製造大亂，且動亂不斷，由此樹立「一黨天下」的教主地位。讓一個黨的思想統治全國人民，而政府機構、軍隊、報紙、電台都是共產黨施行暴政的工具。共產黨給中國帶來的危害已是病入膏肓，它已在瀕臨消亡的邊緣，它的解體已是不可避免了。

有人認為共產黨政權的解體會使天下大亂，擔心誰能代替共產黨來統治中國。在中國五千年歷史長河中，共產黨五十五年的統治不過是過眼煙雲。在這短暫的五十五年中，傳統的信仰和價值觀被共產黨強力破壞；原有的倫理觀念和社會體系被強制解體；人與人之間的關愛與和諧被扭曲成鬥爭與仇恨；對天、地、自然的敬畏與珍惜變成妄自尊大的「人定勝天」。由此帶來的社

71

會道德體系和生態體系的全面崩潰，使整個中華民族都陷入深重的危機。

縱觀中國歷史，歷代仁政都把「愛民」、「富民」、「教民」視之為政府的基本職責。人有向善的本能，而政府有職責幫助人民實現這種本能。孟子曰：「民之為道也，有恆產者有恆心，無恆產者無恆心。」（《孟子·滕文公上》）不富而教是不現實的，不愛民而濫殺無辜則謂之暴虐。在上下五千年的中國歷史中，不乏仁政的實施者：古有堯舜、周具文武、漢出文景、唐盛貞觀、清泰康乾。這些朝代的鼎盛無一不是「行王道」、「持中庸」、「求平衡」。仁政的特點在於選賢用能、廣開言路、講義求睦、博施於民而能濟眾。老百姓因此能夠循禮守法，安居樂業。

觀天下之勢，興亡誰人定，盛衰豈無憑。在沒有共產黨的日子裏，必能還人間一股祥和氣，使百姓真誠、善良、謙遜、忍讓。讓國家俯首農桑、百業興旺。

九評 之四

評共產黨是反宇宙的力量

↑1975年，張志新在瀋陽被處死前遭割斷喉管，氣管放入一段三寸長不鏽鋼管，為的是不讓她在臨刑時呼「反動」口號。

↑中共統治導致良心淪喪誠信破產。圖為1958年農業「大躍進放衛星」地圖一角，上寫「天津郊區新立村人民公社水稻畝產120,000斤」、「徐水大寺各莊保證皮棉畝產5000斤」。

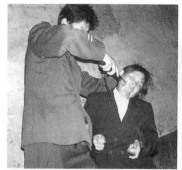

↑河南開封警察對家庭教會基督徒苗愛珍施加電棍電擊臉部。

↑河南開封縣看守所內，家庭教會基督徒黃西凱正被上刑。

前 言

中國人非常重視「道」。古時暴虐的帝王被稱為「無道昏君」，做事不符合公認的「道德」標準叫做「沒道理」，就連農民造反還要打出「替天行道」的大旗。老子說：「有物混成，先天地生。寂兮寥兮獨立不改，周行而不殆，可以為天下母。吾不知其名，強字之曰道。」也就是說，「道」中產生了天地。

而近百年來，共產幽靈的轟然入侵，形成了一股違背自然，違背人性的力量，造成了無數的痛苦和悲劇，也將人類文明推到了毀滅的邊緣。其叛「道」的種種暴行，自然也就反天反地，從而成為一種反宇宙的極惡勢力。

「人法地，地法天，天法道，道法自然。」中國人自古以來相信和遵守天人合一，人與天地融合，相依生存。天道不變，循環有矩；地循天時，四季分明；人尊天地，感恩惜福。所謂「天時、地利、人和」，在中國人的概念裏，天文、地理、曆法、醫學、文學、直至社會結構無不貫穿這一理念。

然而，共產黨宣揚「人定勝天」、「鬥爭哲學」，藐視天地自然。毛澤東說：「與天鬥其樂無窮，與地鬥其樂無窮，與人鬥其樂無窮。」共產黨或許從中獲取了真實的歡樂，而人民卻為此付出慘痛代價。

一、與人鬥，滅絕人性

（一）善惡顛倒泯滅人性

75

人，首先是自然的人，然後才是社會的人。

「人之初，性本善」，「惻隱之心，人皆有之」，人們判斷是、非、善、惡的準則，很多是與生俱來的。而對共產黨來說，人就是動物甚至機器，無論資產階級和無產階級在其眼中都是物質力量。

共產黨的目的是為了操縱人，逐漸把人改造成造反的革命暴徒。馬克思說：「物質力量必須用物質力量來打倒」；「理論一經掌握了群眾，就會化為物質力量」；「全部人類歷史不是別的，就是人性的不斷改變」；「人性就是階級性」。他認為一切都沒有內在的先天的東西，都是環境的產物，都是「社會人」，反對費爾巴哈的「自然」人的提法。

列寧說：「馬克思主義不可能在工人階級中自發產生，必須從外面灌輸。」列寧費盡心思也不能誘導工人從經濟鬥爭轉上奪權的政治鬥爭。他從而寄希望於獲諾貝爾獎的巴甫洛夫「條件反射學說」^{（編註）}，說它「對於全世界工人階級有巨大意義」。托洛斯基更妄想條件反射不僅能從心理上，而且從生理上改變人，像狗一樣一聽到午餐鈴聲就流口水，讓士兵一聽到槍響就勇往直前，為共產黨獻身。

編註：巴甫洛夫(Ivan Petrovich Pavlov)，又譯帕夫洛夫，其條件反射學說用生理學中的「反射」概念來理解「心理性分泌」，認為條件反射是高等動物和人類對環境做出反應的生理機制。一九○四年獲諾貝爾醫學獎。此一理論無意中給了俄共領袖重大的啟發：通過重複的灌輸和指令，人的大腦會對一定的術語和名詞產生條件反射，自動地做出和灌輸者意願一致的反應。

自古以來，人們認為通過努力、勞動、會得到報償，通過勤勞使生活富裕讓人憧憬；而好吃懶做、不勞而獲則被視為惡劣。共產黨像瘟疫一樣傳入中國後，社會上的流氓懶漢，在共產黨的鼓勵下，分土地，搶財產，欺男霸女，全部堂而皇之地成了合法行為。

人都知道尊長愛幼好，目無師長不好。古代的儒家教育分為大學和小學。十五歲前的小學教育，所學的內容就是灑掃、進退、應對的小節（就是衛生、舉止、言談等方面的教養）。之後的大學教育則側重在尊德性、道問學之類。而在批林批孔，批師道尊嚴運動中，中共把這些道德規範從青少年的頭腦中徹底剔除。

古人云：「一日為師，終生為父」。一九六六年八月五日，北京師範大學女子附屬中學卞仲耘老師被女學生們戴高帽子、往身上潑黑墨、敲簸箕遊街、掛黑牌子、強迫下跪、用帶釘子的木棍打、用開水燙等等方法活活打死。北京大學附屬中學的女校長被學生強迫敲著一個破臉盆喊「我是牛鬼蛇神」，頭髮亂七八糟被剪光，頭打出了血，推倒在地上爬。

大家都認為乾淨好，髒不好。可中共宣傳「滾一身泥巴，磨一手老繭」、「手是黑的，腳上有牛屎」這樣的人思想才是紅的，才可以上大學、入黨、陞官，做共產黨的紅色接班人。

人類的進步是知識進步，而在共產黨統治下，知識卻成了不好的東西。知識分子被稱為「臭老九」，有文化的人要向沒有文化的人學習，要接受貧下中農的再教育才能重新做人。為了實施對知識分子的再教育，北京清華大學的教師們被發派到了江西南

昌的鯉魚洲。這個地方血吸蟲流行，原來的勞改營都被迫搬遷。教師們只要沾了河裏的水就馬上染病。一個個肝硬化、肝腹水，很多人喪失生活勞動的能力。

柬埔寨的紅色高棉（柬共）在周恩來的慫恿下，更登峰造極的對知識分子進行迫害。有獨立思想的就需要進行改造，從精神上消滅到肉體上消滅。從一九七五年至一九七八年，柬埔寨人民被殺害了四分之一，有人只因為臉頰上有戴眼鏡的痕跡而難逃厄運。

柬共在一九七五年勝利後，波爾布特（編註）開始建立超前的社會主義，就是無階級差別、無城鄉差別、無貨幣、無商品交易的「人類社會的天堂」。最後家庭也解體了，成立男勞動隊，女勞動隊，一律強制勞動，一起吃大鍋飯，一樣穿黑色革命服裝或軍裝。夫妻只能在獲得批准的前提下方得一周相聚一次。

共產黨號稱天不怕，地不怕，妄想改天換地，其實是要徹底否定宇宙中一切正的因素和力量。毛澤東說過：「各世紀中，各民族起各種之大革命，時時滌舊，染而新之，皆生死成毀之大變化也。宇宙之毀也依然，宇宙之毀絕不終毀也，其毀於此者必成於彼無疑也。吾人甚盼望其毀，蓋毀舊宇宙而得新宇宙，豈不愈於舊宇宙耶！」

編註：波爾布特是毛澤東的絕對崇拜者，曾四度向中共學習無產階級專政的精髓，一九七五年至一九七八年執政紅色高棉期間，在這個人口不到八百萬的小國屠殺了二百萬人，其中包括二十多萬華人。

親情乃天經地義，夫妻、子女、父母、朋友、人與人的正常交往構成了人類社會。通過不間斷的各種政治運動，中國共產黨把人變成狼，甚至比虎狼更凶殘。虎毒不食子，但在中共統治下，父母，子女，夫妻之間互相揭發，斷絕親屬關係的比比皆是。

六十年代北京的一所小學，一個女老師在給小學生聽寫生字時不慎把「社會主義」和「垮台」放在了一起。結果被學生揭發出來。之後她天天被批鬥，被男生搧嘴巴子。她的女兒跟她斷絕了母女關係，一有風吹草動她女兒就在全班揭發她媽媽的「階級鬥爭新動向」。以後幾年這位老師天天在學校打掃衛生、刷廁所。

經過文化大革命的人們都不會忘記張志新^{（編註）}，她被投入監獄。獄警多次毫無人性地將她衣服扒光，把手反銬在背後，投進男犯人牢房，任人輪姦，終至精神失常。即使這樣，在臨處決她時，怕她呼喊口號，監獄直接把她的頭按在磚塊上，不施麻藥動刀切開了她的喉管……

即使是最近幾年對法輪功的鎮壓，中共採取的仍然是製造仇恨，鼓動暴力的老一套手段。

共產黨抑制人的善良本性，鼓動、縱容和利用人性中惡的一

編註：張志新，女，是中共少數說真話的年青黨員，文化大革命期間因批評對毛澤東的個人迷信被捕入獄，行刑前慘遭割喉。一九七九年因政治需要，張志新獲「平反」追認為烈士，是中共隨意定罪迫害、事後平反的典型例子。

面來強化統治。一次一次的運動，有良心的人也畏懼於暴力陷於沉默。共產黨系統地把宇宙中普適的道德概念破壞殆盡，以圖徹底顛覆人類維持了千萬年的善惡廉恥。

（二）超越相生相剋的邪惡

老子說：「天下皆知美之為美，斯惡矣；皆知善之為善，斯不善已。故有無相生，難易相成，長短相形，高下相傾，音聲相和，前後相隨。」說白了，就是人世間存在著相生相剋。不但人分好壞，就一個人本身來說也是善惡同在的。

盜跖被認為是強盜的代表，但他卻對嘍囉說：「盜亦有道」，並解釋說當強盜也要「聖、勇、義、智、仁」。也就是說，即使為盜者也不能胡來，還是有規矩要遵守的。

反觀中國共產黨的歷史，可以說是充滿了投機和叛賣，沒有任何規矩的約束。比如強盜最講的就是「義」字，哪怕是分臟的地方都要叫「聚義分臟廳」。但是中共的同志之間只要一面臨危機，就立刻相互揭發、落井下石，甚至栽臟誣陷、無中生有。

以彭德懷為例。毛澤東農民出身，當然知道一畝地種不出十三萬斤糧食，當然知道彭德懷說的都是真話，當然知道彭德懷並沒有想奪他的權力，更何況當年彭以兩萬部隊浴血苦戰胡宗南二十萬部隊，幾次救了毛澤東的命。然而彭德懷剛批評了毛兩句，毛馬上就把他親筆題詩「誰敢橫刀立馬，唯我彭大將軍」扔進廢紙簍，定要置彭於死地，可以說恩斷義絕。

共產黨殘暴殺人，不施仁政；同室操戈，不講義氣；出賣國土，沒有勇力；與正信為敵，缺少智慧；搞群眾運動，非聖人治

國之道。可以說，共產黨連「盜亦有道」的底線都放棄了，其邪惡已經完全超出宇宙間相生相剋的道理。共產黨徹底顛覆自然人性，目的是為了顛覆善惡標準，顛覆宇宙規律，其狂妄至極，自然難逃覆滅的結局。

二、與地鬥，違背自然，其禍無窮

（一）階級鬥爭延伸到自然

金訓華是上海市吳淞第二中學一九六八屆高中畢業生，上海市中學紅代會常委。一九六九年三月，金訓華上山下鄉赴黑龍江。一九六九年八月十五日，山洪暴發，雙河兩岸一片汪洋。金訓華為搶救生產隊的兩根電線桿跳下急流，失去了生命。

金訓華生前的日記：

七月四日

我現在開始感到了農村階級鬥爭的尖銳和激烈。我，一個毛主席的紅衛兵，已做好了一切準備，用戰無不勝的毛澤東思想迎頭痛擊反動勢力，哪怕做出犧牲也是心甘情願的。為鞏固無產階級專政而努力戰鬥！戰鬥！戰鬥！

七月十九日

XX大隊階級敵人的氣焰還很囂張。知識青年到農村來，就是要參加農村三大革命鬥爭，首先就是參加階級鬥爭。我們就應該依靠貧下中農，發動群眾，把敵人的氣焰壓下去。我們知識青年應該永遠高舉毛澤東思想偉大紅旗，念念不忘階級鬥爭，念念不

忘無產階級專政。

金訓華懷著戰天鬥地、改造人類的理想到農村，從他的日記中，可以看到他腦袋中充滿了「鬥」的思維。他把「與人鬥」的思維貫徹到天地之間，最後終於喪失了生命。金訓華是鬥爭哲學的一個例子，同時無疑也是犧牲品。

恩格斯說：「自由是對必然的認識」。毛澤東又補上一句：「和對世界的改造」，這一畫龍點睛的補充，實際上充分點明了共產黨對自然的態度，那就是改造自然。共產黨認識的「必然」是盲目的物質，沒法解釋其來源的「規律」，認為發揮人的主觀能動性認識客觀規律性，就可以「征服」大自然與人類。共產黨把俄、中這兩塊「試驗田」改造得一塌糊塗。

大躍進的民歌便是中共狂妄愚蠢的寫照：「讓高山低頭，讓河水讓路」；「天上沒有玉皇，地上沒有龍王。我就是玉皇，我就是龍王。喝令三山五嶺開道，我來了！」

共產黨來了！破壞了這個原本和諧的世界，破壞了自然平衡。

（二）破壞自然自食其果

中共推行以糧為綱的農業政策，大肆開墾不適宜耕種的山地和草原，填平中國江河湖海。結果如何？中共聲稱，一九五二年糧食生產超過了國民政府時期，但中共沒有透露的是，到一九七二年，中國糧食總產才超過了同樣是和平時期的清朝乾隆年代，而至今中國人均糧食產量，仍然遠遠落後於清朝，只有中國農業鼎盛時期宋代的三分之一。

　　亂砍濫伐、堵河填海的結果，是中國自然生態的大破壞。至今，中國生態已經到了崩潰的邊緣，海河、黃河斷流，淮河、長江的污染，把中華民族賴以生存的血脈徹底切斷，甘肅、青海、內蒙、新疆草原消失，滾滾黃沙撲向中原大地。

　　五十年代初，中共在蘇聯專家的指導下，在黃河修建三門峽水電站，發電量至今只有一條中等河流的水平，卻導致上游泥沙淤積、河床抬高。一個大一點的洪水就給兩岸民眾帶來生命財產的巨大損失。二○○三年渭河洪峰最高流量3,700立方米／秒，只相當於三、五年一遇的洪水，卻形成了五十年不遇的洪災。

　　河南駐馬店，當地建造了多個大型水庫。一九七五年大壩連環決堤，短短兩小時內六萬人喪生，死亡人數總計高達二十餘萬。

　　需要說明的是，中共政權對中華大地的肆意掠奪仍在繼續。長江大壩，南水北調，都是準備以萬億計的金錢，圖謀改變自然生態。而中小型「鬥地」項目更是層出不窮。更有甚者，有人提出以原子彈在青藏高原炸開一條通道，以改變中國西部的自然環境，其對大地的蔑視和狂妄令天下人為之側目，卻也絕不出人意料。

　　在周易八卦中，我們的先人以天為乾，尊之為天道；以地為坤，奉之為坤德。

　　周易象曰：地勢坤，君子以厚德載物。

　　孔子注易：至哉坤元，萬物資生。

　　文言曰：坤至柔，而動也剛，至靜而德方，後得主而有常，含萬物而化光。坤道其順乎？承天而時行。

　　顯然，以地母之坤德，尚且至柔、至靜、有常而承天，方可厚德載物，萬物資生。同時，提出了人類對乾道坤德之態度，即承天順地，尊重自然。

　　中共以戰天鬥地的姿態，對大地肆意搜刮掠奪，任行欺壓榨取，逆天地而行，最後必然受到天地以及自然規律的懲罰。

三、與天鬥，迫害信仰，否定人對神的正信

（一）有限的生命如何認識無限的時空？

　　愛因斯坦的兒子愛德華曾經問他：「爸爸，你為什麼這麼有名呢？」愛因斯坦說：「你看到這個大皮球上有一隻瞎眼的大甲蟲嗎？它並不知道它爬行的路線是彎曲的，但是愛因斯坦知道。」這句話實在意味深長，中國人說「不識廬山真面目，只緣身在此山中。」如果想認識一個系統就必須跳出系統之外去觀察，然而以人有限的生命去觀察宇宙無窮的時空，人類將永遠無法窺其全貌，宇宙也就成了人類的永恆之謎。

　　科學無法逾越的障礙自然是形而上的，這也就順理成章地成為了「信仰」的範疇。

　　信仰這種人內心世界的活動，對於生命、時空、宇宙的體驗與思考完全不是一個政黨應該管理的範疇，「上帝的歸上帝，凱撒的歸凱撒。」然而共產黨卻憑著他們對宇宙和生命可憐又可笑的認識，把他們理論之外的一切都稱之為「迷信」，還要將有神論者洗腦、轉化、批倒批臭，乃至肉體消滅。

　　真正的科學家宇宙觀是開闊的，是不會用自己有限的「已知」去否定無限的「未知」的。著名科學家牛頓在一六七八年出版了巨著《數學原理》。書中詳述了力學原理，解釋了潮汐、行星的運動並推算了太陽系的運轉方式。獲得巨大成功與榮譽的牛頓自己卻一再表明他的書完全是一種現象性的描述，他絕不敢談論至高無上的上帝締造宇宙的真正意義。《數學原理》第二版出版時，牛頓曾在書中寫下這一段以表達他的信念：「這一盡善盡美的包括太陽、行星、彗星的大系統，唯有出於全能的上帝之手……就像一個盲人對於顏色毫無概念一樣，我們對於上帝理解萬事萬物的方法簡直是一無所知。」

　　且不說是否有超越時空的天國世界，是否修煉人可以達到返本歸真的境地，真正信正教的人都相信善惡有報，因果關係的原理。正統信仰能夠將人類道德維持在一定的水準。從亞里斯多德到愛因斯坦，他們都相信宇宙中有一個普遍的規則存在。人們通過各種方式不懈地探求宇宙真理，那麼除了科學探索之外，宗教、信仰和修煉不也可能是發現真理的另外方式和途徑嗎？

（二）中共摧毀人類的正信

　　世界上每個民族在歷史上都是信神的。正是對神的信仰，相信善有善報，惡有惡報，人們才會在內心約束自己，才能維持社會道德的水準。古今中外，西方的正教，東方的儒、釋、道都告誡人們：信神敬天、從善惜福、感恩知報，才能獲得真正的幸福。

　　共產主義的中心指導思想就是鼓吹無神，無佛，無道，無前

生，無後世，無因果報應。由此，各國共產黨都鼓勵窮人、流氓無產者無須信神，無須償還業力，無須安分守己，反而應該巧取豪奪，造反發家。

在中國古代，皇帝們以其九五之尊，仍然自稱天子，受到「天意」的管轄和制約，不時要下詔罪己，向天懺悔。共產黨則自己代表天意，所謂無法無天，絕無絲毫限制，結果製造了一個個人間地獄。

共產黨的鼻祖馬克思認為，宗教為麻醉人民的精神鴉片。他害怕人們相信神和上帝從而不信他的共產主義。恩格斯《自然辯證法》一書第一篇收入的就是對門捷列耶夫 [編註] 參與研究「靈學」團體的批判。

恩格斯說過：「中世紀及以前的一切都要在人類理性審判台前辯護自己存在的理由。」說這話的同時，他已把自己與馬克思當成了審判台前的法官了。無政府主義者巴庫寧是馬克思的朋友。他這樣形容馬克思：「他儼然就是人們的上帝，他不能容忍除了他之外，還有什麼別的人是上帝。他要人們向神一樣崇拜他，把他做為偶像頂禮膜拜，否則就大加轄罰，或陰謀迫害。」

而傳統的正信，對共產黨人的這種企圖構成了天然的障礙。

中國共產黨對宗教的迫害，可以說達到了喪心病狂的地步，文革中無數的寺廟被砸爛，僧人被遊街示眾，西藏90%的寺廟被破壞，中國至今有數萬的家庭基督教會成員被關押。上海的天主教神父龔品梅被中共關押三十餘年，一九八○年才來到美國。他

編註：門捷列耶夫（Mendeleyev），俄國化學家，提出元素周期律。

在九十多歲臨終前立下遺囑：「等到共產黨不再統治中國時，將我的墳墓遷回中國上海。」一個人為信仰而被殘暴的邪惡勢力單獨秘密囚禁三十多年，中共曾無數次逼迫他，只要同意歸中共的「三自愛國委員會」領導（編註），就可以放他出去。而近幾年，中共對信仰真善忍的法輪功修煉者的鎮壓，正是中共「戰天」的延續，也是中共力圖強售其奸的必然結果。

無神論的共產黨要領導和控制人們對神的信仰，「與天鬥，其樂無窮」，其可笑之程度，絕非「妄自尊大」所能形容其萬一。

結　語

共產主義實踐在全球範圍內已經徹底失敗了。世界最後一個共產大國的魁首江澤民，在二○○二年三月對《華盛頓郵報》記者曾這樣宣稱：「我年輕的時候曾相信共產主義會很快來臨，但我現在不這樣認為了。」現在仍然真正信仰共產主義者已經寥寥無幾。

共產主義運動的失敗是必然的，其違背宇宙規律，逆天而

編註：「三自愛國委員會」為中共一手操控的基督教組織，起源於一九五○年七月的「三自」愛國運動。當時金日成發動韓戰，該組織支持侵略戰爭，從而在中共主導下成立委員會。所謂「三自」，乃「自治、自養、自傳」，而實質是「黨治、黨養、黨傳」，為中共壓制宗教自由的幫凶。

行，是一股反宇宙的勢力，因而必然受天意神靈的懲罰。

中國共產黨雖然一次次變換嘴臉，一次次抓住救命稻草度過危機，但其最後的結局舉世瞭然。中共雖然在一件件除去其美麗外衣，赤裸裸地暴露出它貪婪、凶狠、無恥、流氓和反宇宙的本性，但它仍然在箝制人的思想，扼殺人類的道德倫理。它對人類的道德文明，對人類的和平進步也仍然極具禍害。

茫茫宇宙攜帶著無法抗拒的天意，或稱之為神的意志，或稱之為自然規律，或稱之為大自然的力量。人類唯有敬天意、順自然、尊重宇宙規律，關愛天下生靈，才可能有自己的未來。

九評 之五

評江澤民與中共相互利用　迫害法輪功

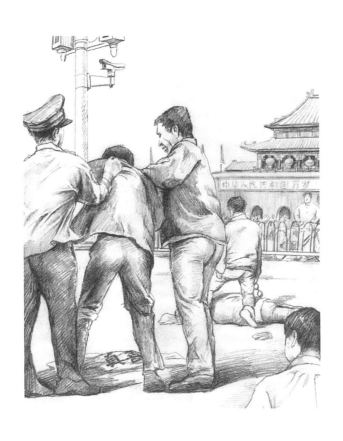

↑1999中國開始迫害法輪功之前，每天清晨公園裏都可見到許多參加晨煉的法輪功學員（圖為四川成都煉功一景）。

←天安門廣場上，便衣警察強行將正在煉功的法輪功學員帶走。

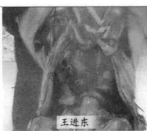

王进东　　　　　　王进东

↑江澤民一手導演、嫁禍給法輪功的天安門自焚偽案，中國官方報導王進東被嚴重燒傷，但從中央電視台焦點訪談播放的影片顯示他兩腿中間盛滿汽油的塑膠瓶在高溫下居然完好無損。

前　言

　　張付珍，女，約三十八歲，原山東省平度市現河公園職工。她於二○○○年十一月上北京為法輪功伸冤，後被綁架。知情人說，公安強行把張付珍扒光衣服、剃光頭髮、折磨、侮辱她；把她成「大」字形綁在床上，大小便都在床上。爾後，公安強行給她打了一種不知名的毒針。打完後，張付珍痛苦得就像瘋了一樣，直到她在床上痛苦地掙扎著死去。整個過程「六一○」的大小官員都在場觀看。（明慧網二○○四年五月三十一日報導）

　　楊麗榮，女，三十四歲，河北省保定地區定州市北門街人，因修煉法輪功，家人經常被警察騷擾恐嚇。二○○二年二月八日晚，在警察離去後，做為計量局司機的丈夫怕丟掉工作，承受不住壓力，次日凌晨趁家中老人不在，掐住妻子的喉部，楊麗榮就這樣淒慘地撒下十歲的兒子走了。隨後她丈夫立即報案，警察趕來現場，將體溫尚存的楊麗榮剖屍驗體，弄走了很多器官，掏出內臟時還冒著熱氣，鮮血嘩嘩地流。一位定州市公安局的人說：「這哪是在解剖死人，原來是在解剖活人啊！」（明慧網二○○四年九月二十二日報導）

　　黑龍江省萬家勞教所，一個懷孕約六到七個月的孕婦，雙手被強行綁在橫樑上，然後，墊腳的凳子被蹬開，整個身體被懸空。橫樑離地有三米高，粗繩子一頭在房梁的滑輪上，一頭在獄警手裏，手一拉，吊著的人就懸空，一鬆手人就急速下墜。這位孕婦就這樣在無法言表的痛苦下被折磨到流產。更殘忍的是，警察讓她的丈夫在旁邊看著他妻子受刑。（明慧網二○○四年十一

月十五日對在萬家勞教所遭受一百多天酷刑的王玉芝的採訪報導）

這些怵目驚心的慘案，發生在現代中國，發生在受迫害的法輪功學員身上，而且只是五年來持續迫害中無數慘案的冰山一角。

改革開放以後，中共力圖在國際上塑造一個正面、開明的形象，然而近年來對法輪功的迫害之血腥與非理性，範圍之廣，力度之大，手段之殘忍，再次讓國際社會看到中共真實的一面，成為中共最大的人權污點。在人們習慣於把責任推到警察的低素質，誤認為中共在改良進步的時候，這場從上到下無所不在系統性的和制度性的對法輪功的殘酷迫害，徹底打破了人們的幻想。許多人在思考為什麼這場血腥而又荒謬的迫害能夠在中國發生？為什麼二十多年前剛剛對文革「撥亂反正」，今天又重新落入歷史的邪惡循環？為什麼以「真善忍」為原則的法輪功弘傳世界六十多個國家和地區，只有在中國遭到迫害？在這場迫害中，江澤民和中共到底是什麼關係？

江澤民無德無能，如果沒有中共這樣一架運轉精準、專以殺人和謊言為事的暴力機器相助，他絕沒有能力發動一場波及全中國甚至海外的群體滅絕式迫害；同樣，中共在當前的開放政策與世界接軌的國際大氣候下，如果沒有江澤民這樣一個剛愎自用、一意孤行的邪惡的獨裁者，中共也難以逆歷史的潮流而動。正是江澤民與共產邪靈互相呼應、共鳴，恰如攀登雪山者的聲音與積雪共振可以發生雪崩式的災難性後果一樣，江澤民和中共相互利用，將鎮壓之邪惡放大到史無前例的地步。

一、相似的發家史帶來相同的危機感

江澤民是在一九二六年應劫而生的。與中共一直向人民隱瞞其血腥的發家史一樣，江澤民也一直向中共和人民掩蓋他自己的漢奸歷史。

江澤民十七歲那年，世界反法西斯戰爭已經如火如荼。在愛國青年紛紛奔赴前線進行抗日救亡運動的時候，江澤民卻選擇了汪精衛偽政府一九四二年在南京創辦的偽中央大學接受高等教育。據多方調查，其原因是江澤民的生父江士俊在日本占領江蘇期間任侵華日軍反華宣傳機構的高官，是一個真正的漢奸。

在賣國當漢奸方面，江澤民與中共如出一轍，對中國人民缺乏感情，可以肆意屠殺中國人民。

在中共取得內戰勝利後，江澤民為混入中共謀求富貴，謊稱自己過繼給了早年加入中共，後來被土匪亂槍打死的叔父江上青，並利用這個關係，幾年時間，就從一個處級幹部升任電子工業部副部長。一望可知，江的陞遷並非依靠本事，而是靠拍馬屁和人際關係上的鑽營。在江澤民任上海市委書記期間，對每年到上海過春節的李先念、陳雲等黨內大老極盡巴結之能事，曾為給李先念送一塊生日蛋糕，而以上海市委書記的身分在大雪地裏站立恭候數小時之久。

一九八九年的「六四」屠城是江澤民生涯中的另一個轉折點，他依靠強力鎮壓敢言的《世界經濟導報》、軟禁人大委員長萬里和支持血腥鎮壓學生而成為中共總書記。早在屠城之前，江澤民就給鄧小平送上密信，要求採取「果斷措施」，否則「就會

亡黨亡國」。十五年來，江更以「穩定壓倒一切」為名，對一切異議人士和獨立信仰團體大肆鎮壓屠殺。

中俄雙方從一九九一年起勘分邊界，江澤民全面承認了沙皇俄國和前蘇聯對中國的侵略，全面接受了自〈璦琿條約〉開始的所有中俄不平等條約，出賣的中國領土達一百多萬平方公里。

縱觀江澤民的簡歷，他以漢奸長子冒充烈士遺孤，親身實踐共產黨的「騙」字訣；支持屠殺學生，鎮壓民運和信仰人士，親身實踐共產黨的「殺」字訣；中共曾做為共產國際遠東支部處處聽命於蘇聯，江澤民則無償獻上土地，親身實踐共產黨的「賣」字訣。

江澤民和中共具有相似的不光彩發家史，這注定了二者對權力都有著極度的不安全感。

二、江澤民與中共同樣懼怕「真善忍」

國際共運的歷史是用上億人的血寫成的。每一個共產國家幾乎都有斯大林式的肅反，濫殺無辜動輒以百萬、千萬計。上世紀九十年代，蘇聯解體、東歐劇變，共產陣營幾乎一夜之間丟掉了大半壁江山。中共從這件事汲取的教訓是：停止鎮壓、廣開言路就等於自取滅亡。如果廣開言路，血腥暴行如何掩蓋？意識形態上的欺騙如何自圓其說？如果停止鎮壓，人民豈不是沒有了恐懼的威脅，而敢於選擇共產黨以外的生活方式和信仰？共產黨賴以存在的社會基礎何在？

中共萬變不離其宗，所以欺騙民眾一定要欺騙到死，鎮壓人

民就一定要鎮壓到底，這就是「六四」後高喊「把一切不穩定的因素消滅在萌芽狀態」的江澤民在極度恐懼中得出的結論。

此時，中國卻出現了法輪功。雖然法輪功在一開始被許多人認為是具有祛病健身奇效的氣功，然而人們卻漸漸注意到法輪功的核心並不是其簡便易行的五套功法，而是以「真善忍」指導人們做一個好人。

（一）法輪功講「真善忍」，共產黨講「假惡鬥」

法輪功倡導「真」，這包括說真話、做真事；而中共卻一直依靠謊言洗腦。如果人人講真話，民眾就會知道中共原來是憑藉投靠蘇聯、殺人、綁架、逃跑、種鴉片、假抗日等等起家，「不說假話辦不成大事」，建政之後又在歷次運動中欠下累累血債，這對中共來說簡直是末日臨頭。

法輪功倡導「善」，包括遇事考慮他人，與人為善。而共產黨一直提倡「殘酷鬥爭、無情打擊」。中共的模範英雄雷鋒說「對待敵人要像嚴冬一樣冷酷無情」。其實中共不但對敵如此，對待自己人也好不到哪兒去。中共的開國元老、元帥，包括國家主席都受到過毫不留情的批鬥、毒打和酷刑。對於「階級敵人」的屠殺則更令人髮指。如果「善」在社會上占據上風，那些以「惡」為基礎的暴政和群眾運動就無法出現。

〈共產黨宣言〉說：「至今一切社會的歷史都是階級鬥爭的歷史。」這代表了共產黨的歷史觀和世界觀。法輪功則倡導出現矛盾時反思自己的問題，這種世界觀無疑是向內自省的，與中共向外的鬥爭哲學截然對立。

鬥爭卻是共產黨獲得政權和維持生存的主要手段。周期性地發動整人的政治運動，就是讓自己不斷充電，「煥發革命鬥志」。這種暴力與謊言的再加強、再熟悉過程，也是刷新人們恐懼，從而維持其統治的過程。

從意識形態上來說，共產黨的賴以生存的「哲學」與法輪功的教導是截然對立的。

（二）信仰使人無畏，而中共卻要靠恐懼維持政權

認識和掌握了真理的人是無畏的。基督教曾經過將近三百年的迫害，無數的基督徒被羅馬皇帝砍頭、燒死、淹死，甚至直接餵獅子，但基督徒沒有屈服；歷史上佛教在經歷法難時，也都有類似的堅貞表現。

無神論宣傳的一個重要目的就是讓人相信沒有天國地獄、沒有善惡報應，從而放棄良心的束縛，轉而看重現實的榮華與享樂。此時對人性中的弱點才可利用，威逼、利誘才會充分發揮效力。而信仰者能夠看穿生死，看破紅塵，此時世俗的誘惑與生命的威脅變得輕如鴻毛，使共產黨失去控制人的著力點。

（三）法輪功在道德上的高標準使中共很難堪

一九八九年「六四」天安門屠殺之後，中共的意識形態徹底破產，尤其是一九九一年八月蘇共垮台和隨之而來的東歐劇變，給中共帶來極大的恐懼和壓力，內外交困的形勢使其統治合法性和生存受到了空前的挑戰。此時中共已經無法用馬、列、毛的原教旨主義整合其黨徒，而轉向了用全面腐敗來換取黨徒的忠心。

換句話說，只要誰跟著黨，黨就允許他通過貪污等方式換取不入黨就得不到的好處。尤其是一九九二年鄧小平南巡之後，中國從官倒橫行到房地產和股市的投機，從包二奶到走私遍地，黃賭毒蔓延，雖不能說「洪洞縣內無好人」，但民間對於中共反腐早已失去信心，認為中高級幹部的腐敗比例超過一半以上。

此時法輪功學員修煉「真善忍」，展示出來的道德風貌打動了民眾尚存的內心善良，引來上億民眾的敬意，參與修煉，法輪功這面道德的鏡子照出了中共的一切不正。

（四）法輪功的發展與管理方式讓中共十分嫉妒

法輪功的發展方式是人傳人，心傳心，採取的管理方式是來去自由，鬆散管理。這與中共的嚴密組織十分不同。儘管如此，中共每周一次乃至多次的政治學習、組織生活卻形同虛設。黨員對黨意識形態的認同幾乎等於零，而法輪功修煉者則自覺實踐著「真善忍」。同時，法輪功對人身心健康的改善，使修煉人數快速增長，修煉者自覺自願地學習李洪志先生的系列著作並自費弘法。短短七年的時間，就從無到有，發展到一億人。當時，中國幾乎所有的公園，都有法輪功晨煉時的功法音樂聲。

共產黨說法輪功和中共「爭奪」群眾，是「宗教」，實際上法輪功帶給了人一種文化和生活方式，是中國人失落已久的祖宗文化和傳統的根。法輪功之所以讓江澤民和共產黨如此害怕，是因為這種傳統的道德一旦和群眾融為一體，則任何力量都阻擋不了其迅速擴大的趨勢。這種久遠傳承的價值觀被共產黨幾十年硬給切斷和篡改，重新拾回傳統本身就是歷史的選擇，一種廣大群

眾經歷苦難後自己選擇的回歸，這種選擇的必然結果就是明辨是非，**拋棄邪惡**，當然也就是對共產黨的一套從根本上的否定和拋棄。這就等於點了中共的死穴。尤其當修煉法輪功的人數超過了中共黨員人數的時候，中共發自內心的恐懼與嫉妒可想而知。

同時，中共對社會是一控到底的，農村是「村村都有黨支部」，城市中黨支部深入到街道辦事處，軍隊、政府和企業的最基層都有黨的組織。這種絕對的壟斷性和排他性是中共維持政權的重要手段，中國《憲法》中美其名曰「堅持黨的領導」。而法輪功的修煉者顯然更願意以「真善忍」為標準。在中共看來，這是完全不能接受的「否定黨的領導」。

（五）共產黨認為法輪功信仰「有神論」危及其執政合法性

真正的有神論信仰，對於共產黨一定是重大挑戰。因為共產黨的執政合法性來源就是所謂的「歷史唯物主義」，因為要建立「人間天堂」，所以只能依靠人間的「先鋒隊」，也就是「共產黨」的領導。同時「無神論」使得道德善惡可以被共產黨隨意解釋，因此也就根本無真正道德善惡可言，民眾只要記得黨永遠「偉大光榮正確」就行了。

然而有神論給了民眾一套不變的善惡標準，對法輪功修煉者來說，一件事情對不對是用「真善忍」來衡量。這對於中共一貫的「統一思想」顯然也成了障礙。

如果總結下去還有很多原因，但是上述五個原因中的任何一個對中共都十分致命。其實江澤民鎮壓法輪功也可以說出自於同

樣的原因。

江澤民靠謊報簡歷起家，當然害怕「真」；以鎮壓民眾而飛黃騰達，當然不喜歡「善」；以勾心鬥角的黨內鬥爭維持權力，當然不愛聽「忍」。

江澤民心眼之小，妒嫉心之強，從一件小事上可見一斑。浙江省餘姚縣（現在改為市）有個「河姆渡遺址博物館」，是全國重點文物保護單位。當時的「河姆渡遺址博物館」的招牌題詞是由喬石所寫。一九九二年九月，江澤民去參觀時看到喬石寫的題詞，臉就陰沉得很厲害。陪同人員很緊張，因為他們知道一方面江容不下喬石，另一方面江愛出風頭，走到哪裏題詞要擺到哪裏，連去「濟南市公安局交警支隊」和「鄭州市退休工程師協會」都要題詞。博物館領導不敢怠慢心胸狹窄的江澤民，於是在一九九三年五月，藉口博物館整理後重新對外開放，換上了江澤民的題字。

毛澤東號稱「雄文四卷」，《鄧小平文選》裏也有一套「貓論」的實用主義思想，江澤民絞盡腦汁只想出來三句話，還要號稱「三講」。印成書後，經過中共組織系統層層推廣，強制訂購才銷出去，而黨員不但對江澤民沒有絲毫尊敬，反而到處流傳他與女歌星的緋聞，以及他在國外賣唱「我的太陽」，在西班牙國王面前梳頭等等糗事。法輪功創始人平民出身，講法時各路教授、專家、留學生雲集，許多博士、碩士甚至不遠萬里飛去聽法。李洪志先生洋洋灑灑講上幾個小時不需要草稿，隨即把講課錄音直接抄錄到紙上就可出版成書，這都令虛榮、妒嫉、心胸狹窄的江澤民無法忍受。

　　江澤民的生活極其荒淫腐化，花費九億給自己購置豪華專機，動輒拿出國庫裏上百億人民幣交給兒子做生意，利用裙帶關係把所有的親屬和親信提拔成部級以上的高官，庇護親信貪污犯罪，無所不用其極。因此，江顯然十分懼怕法輪功的道德力量，更害怕法輪功講的天堂地獄、善惡報應是真的。

　　江澤民雖然掌握中共最高權力，但是由於缺乏政績和才能，時時擔心自己在中共殘酷的權力鬥爭中被趕下台，對其「核心」權威非常敏感。為了清除異已，江澤民耍陰謀詭計除去政敵楊尚昆、楊白冰兄弟。在一九九七年的中共十五大和二〇〇二年的中共十六大，江澤民把異己趕下台，自己卻不顧有關規定，戀棧不退。

　　一九八九年，中共新的總書記江澤民等有次舉行中外記者會，當一個法國記者問及一個女大學生因「六四」被發配到四川農場搬磚，當地農民多次強姦了她。江回答說：「我不知道你說的事情是否是事實。她是暴徒。如果是真的，那也是罪有應得。」文革中張志新在中共監獄裏被輪姦和割喉，這在江澤民看來也都是「罪有應得」。由此可見江澤民的流氓變態和殘暴人格。

　　概括地說，江澤民的陰暗心理、獨裁權欲、殘暴人格和對「真善忍」的恐懼成為江澤民無端發起鎮壓法輪功的原因。這與共產黨組織是高度一致的。

三、江澤民和中共之間相互利用

　　雖然江澤民一心想要「消滅」法輪功來發洩私憤，不過，江澤民熱中於賣弄自己和玩弄政治權術，其無能和不學無術廣為人知，對於扎根於中國傳統文化、有著廣泛社會基礎的煉功群眾，江澤民一個人幾乎無能為力。然而恰好中共這台暴政機器已經磨礪成熟，並且也要剷除法輪功，做為共產黨總書記的江澤民於是因風吹火，輕輕按下了啟動鎮壓的按鍵。二者在鎮壓上的呼應共鳴，恰如登山者的吼聲造成雪崩效應一樣。

　　在江下達鎮壓命令之前，中共對法輪功的討伐、監視、調查和羅織罪名早已開始，因為中共這一邪靈邪教組織固有的邪惡已本能地感到了「真善忍」對其存在的威脅，更不能容忍如此龐大而且仍在快速增長的煉功群體。從一九九四年起，中共公安人員就在法輪功中臥底，但未發現任何問題，甚至許多臥底人員也煉起了法輪功。一九九六年，《光明日報》違背對氣功的「不宣傳、不干涉、不打棍子」的「三不」政策，發表文章，在思想領域無端批判法輪功。之後，來自公安和頂著「科學家」頭銜的政客對法輪功的騷擾一直不斷。一九九七年初，中共中央政法委書記羅幹利用職權授意公安部門在全國範圍對法輪功進行了一場調查，意在羅織罪名取締法輪功。在各地做出「尚未發現任何問題」的結論後，羅幹於一九九八年七月又通過中國公安部一局（也稱政治保衛局）發出公政[1998]第555號〈關於對法輪功開展調查的通知〉，先把法輪功定罪為「邪教」，然後再讓全國各地公安部門進行系統性「臥底調查」、搜集證據。調查結果依然一無所獲。

　　當中共做為一個邪靈組織已經開始要動手的時候，還有一

個最關鍵的啟動鎮壓機器的人。此時中共領導人的處理就會起到重要作用。做為一個個體，中共黨魁可以同時具有人性中的善和惡，如果其選擇「善」，那麼就可以暫時抑制中共邪惡黨性的發作；如果其選擇了「惡」，那麼中共的邪惡黨性就充分地暴露出來。

在「六四」之時，中共總書記趙紫陽無意鎮壓學生，但是掌握中共的八大老執意鎮壓。鄧小平當時說：「殺二十萬人，換來二十年的穩定。」這「換二十年的穩定」實質上是要換中共二十年的政權，這符合了中共獨裁專制的根本目的，所以就被中共接受了。

在法輪功問題上，當時中共政治局七個常委中，也只有江澤民執意鎮壓。江澤民提出的藉口是關係到「亡黨亡國」，這觸動了中共最敏感的神經，加強了中共的鬥爭意識。江澤民維護個人權力和中共維持一黨獨裁在這裏取得了高度的統一。

一九九九年七月十九日晚，江澤民主持召開了中共高層會議，以權代法，親自「統一」了認識，親自拍板做出全面鎮壓的決定，以中國政府的名義全面取締法輪功，欺騙了世人。於是中共以及中共控制的中國國家政權和暴力機器開足了馬力，鋪天蓋地鎮壓無辜法輪功民眾。

由此，我們可以設想一下，如果當時中共的總書記不是江澤民，而是另外一個人，這場鎮壓就可能不發生，從這個意義上講，共產黨利用了江澤民。

反過來講，如果共產黨不是因為其血債和危機感，不是因為其十惡俱全的流氓、反天理和滅絕人性的本性，它也不會認為法

輪功是個威脅。沒有中共對社會無孔不入的全面控制，江澤民的鎮壓意志也不可能得到組織保障、財政保障、文宣保障、外交保障、人員保障、設備保障以及監獄、警察、國安、軍隊和所謂的宗教、科技、民主黨派、工會、團委、婦聯等的支持。從這個角度看，江澤民利用了共產黨。

四、江澤民如何利用中共迫害法輪功

　　江澤民利用中共「全黨服從中央」的組織原則，和中共所掌握的國家機器，包括軍隊、媒體、公安、警察、武警、國安、司法系統、人大、外交、偽宗教團體等等為迫害法輪功服務。中共的軍隊、武警直接參加綁架、抓捕法輪功學員，媒體替江氏集團散布謊言抹黑法輪功，國家安全系統為江澤民個人服務，提供、收集材料，製造謠言、提供假情報。人大和司法系統為江澤民和中共的犯罪行為披上「合法」、「法治」等等外衣，矇騙各界人民，淪落為江澤民的工具和保護傘，公安、檢察、法院執法犯法，充當江澤民的打手。外交系統在國際上散布謊言，用政治、經濟利益誘惑、收買一些外國政府、政要和媒體，對法輪功遭受的迫害保持沉默。

　　江澤民在一九九九年部署鎮壓法輪功的中央工作會議上聲稱：「我就不信共產黨戰勝不了法輪功」，煽動和加強了中共的鎮壓意志和氣焰。在整個鎮壓的部署上，對信仰真善忍的法輪功修煉者實施了所謂「名譽上搞臭、經濟上搞垮、肉體上消滅」的三大方針，由此展開了一場全面的鎮壓運動。

（一）動用媒體封鎖消息

「名譽上搞臭」的實施，是由中共絕對控制的媒體進行的。一九九九年七月二十二日，在開始抓捕法輪功學員的第三天，中共控制的媒體開始了鋪天蓋地的反法輪功宣傳，以北京的中央電視台為例，在一九九九年期間，中央電視台每天動用七個小時播出各種事先製作的節目，以大量歪曲篡改法輪功創始人李洪志先生的講話開始，加上所謂自殺、他殺、有病拒醫死亡等案件，極盡能事對法輪功及其創始人進行誣衊和抹黑宣傳。

最著名的例子之一，是把李洪志先生在一次公開場合表示「所謂地球爆炸的事情是不存在的」中的「不」字剪掉，並以此誣衊法輪功宣傳「世界末日」。更有甚者，以移花接木等手段，把普通刑事罪犯的犯罪行為移植到法輪功學員頭上，以欺騙世人。如京城瘋子傅怡彬殺人、浙江乞丐毒殺案等等神經病、殺人犯都栽贓到法輪功頭上，然後利用媒體煽動不明真相的民眾對法輪功產生無端仇恨，為不得民心的血腥迫害尋找藉口和支持者。

中共絕對控制的兩千家報紙，一千多家雜誌，數百家地方電視台和電台，全部超負荷開動起來，全力進行誣衊法輪功的宣傳。而這些宣傳，再通過官方的新華社、中新社、中通社和海外中共媒體等，散播到海外所有的國家。據不完全統計，在短短的半年之間，中共媒體在海內外對法輪功的誣衊報導和批判文章，竟然高達三十餘萬篇次，毒害了無數不明真相的世人。

中國駐外使領館也擺放大量所謂揭批法輪功的畫冊、光碟和單行本；外交部網站上，專門開闢所謂揭批法輪功的專題欄目。

　　不僅如此，一九九九年底，江澤民更是赤膊上陣，在新西蘭舉行的亞太高峰會上，把中共製作的誣衊法輪功的小冊子，人手一冊發到與會的十多個國家的元首手中，這種低劣手法在國際上讓人恥笑。在法國，江澤民又一次違反中國《憲法》，更直接通過外國媒體宣布法輪功為「邪教」，以圖達到其「名譽上搞臭」的目標。

　　一時間黑雲壓城，大有文革再來的肅殺勢頭。

　　最為惡劣的，是在二〇〇一年一月導演了一場所謂的「自焚」鬧劇，並通過新華社以從未有過的速度向全世界散播，嫁禍法輪功。這場鬧劇，後被包括服務於聯合國的國際教育發展組織（IED）在內的多個國際組織認定為虛假編造。在面對質詢的時候，一名參與製作電視節目的工作人員辯稱，中央電視台所播放的部分鏡頭，是「事後補拍」的，鎮壓者的流氓本性暴露無遺。人們不禁發出疑問，那些「視死如歸的法輪功弟子」，怎麼會和中共當局如此合作？

　　謊言是害怕陽光的。在造謠誣衊的同時，中共全力封鎖消息，對所有有關法輪功的海外新聞，以及各種法輪功學員的合理申辯，都無情地予以封鎖滅殺。所有法輪功的書籍和其他資料，統統予以銷毀，所有試圖採訪中國法輪功學員的外國新聞媒體，一律採取極端應對措施，或把記者趕出中國，或者威脅海外媒體，以市場利益迫其自律收聲。

　　對試圖把法輪功真實情況以及當局殘酷鎮壓資料傳遞到海外的法輪功學員，中共當局也採取了極端和血腥的打壓手段。例如，遼寧省大石橋市南樓經濟開發區東江村六十歲左右的婦女李

豔華，二〇〇一年二月十九日散發法輪功真相資料時，被警察綁架，然後被活活打死，警察為掩蓋罪行，誣陷她是「癡迷法輪功而死」。僅清華大學，就有十多名教師和學生因傳遞法輪功資料而被中共判以重刑。重慶大學女研究生、法輪功學員魏星豔被強姦一案被揭露後，有七名重慶法輪功學員被判重刑。

（二）罰款抄家，剝奪生存權利

「經濟上搞垮」是由整個中共國家機器進行的。在被鎮壓的五年以來，數十萬中國法輪功弟子被施以恐嚇性罰款，少則數千元，多達幾萬元。這些罰款，沒有任何法律條款做為根據，由地方政府、單位組織和派出所、公安局隨意進行，被罰款人也不會收到任何法律文件做收據。

抄家，既是一種經濟掠奪方式，又是一種恐嚇方式。堅持修煉法輪功的學員，隨時面對警察的抄家，抄家者拿走現金和財物，在農村，有時候甚至連家中的存糧也不放過。同樣的，這些被抄走的財物沒有任何收據，大多由執行抄家任務的人中飽私囊。

同時，法輪功學員也面臨下崗失業的懲罰，農民則面對收回土地的威脅。中共甚至連已經退休的老人也不放過，許多退休的老年人被停發或少發退休金，收回所居住房。一些從事商業活動的法輪功學員，則被沒收財產，凍結銀行存款。

在執行這些政策的時候，中共採取了連坐的政策，凡是單位企業有法輪功學員，單位領導人和職工被迫停發獎金，停止晉陞，以在社會上製造對法輪功學員的仇恨。而法輪功學員的家

屬，也遭受面臨下崗失業、小孩失學、住房收回等等威脅。所有這些，目的都是為了截斷所有法輪功學員的經濟來源，以迫使其放棄信仰。

（三）酷刑折磨，肆意殺戮

最血腥的「肉體上消滅」則基本上由公檢法系統執行。據明慧網的不完全統計，一九九九年七月二十日以來的五年多時間中，通過民間途徑傳出、並且得到證實的至少已有1,157名法輪功學員被迫害致死。迫害致死案例分布在全中國三十多個省、自治區、直轄市。截止二○○四年十月一日，死亡案例高發地區依次為黑龍江、吉林、遼寧、河北、山東、四川、湖北等。其中年紀最小的亡者只有八個月（山東省煙台棲霞寺口鎮南橫溝村法輪功學員王麗萱的兒子孟昊），年紀最大的八十二歲（四川省南充市營山縣青山鄉二村法輪功學員楊永壽），婦女約占51.3%，五十歲以上的老人約占38.8%。有中共官員私下透露，被迫害致死的法輪功學員數目，實際上遠遠高於這個數字。

而施加在法輪功學員身上的各種酷刑，更是多不勝數，毆打、鞭打、電刑、冷凍、捆綁、長時間鐐銬、火燒、烙燙、吊刑、長時間站、跪、竹籤和鐵絲穿扎、性虐待、強姦等等等等。二○○○年十月，遼寧省馬三家教養院看守人員將十八名女學員衣服剝光後把她們投入男犯監牢……。所有這一切，斑斑在冊，罄竹難書。

濫用「精神病治療」也是迫害法輪功學員的眾多酷刑之一。正常、理智、健康的法輪功學員被非法關進精神病院，被注射破

壞中樞神經系統的不明藥物，有的全身癱瘓或局部癱瘓；有的雙目失明，兩耳失聰；有的身體肌肉、器官腐爛；有的部分或全部喪失記憶，成為呆癡；有的導致內臟功能嚴重損害；有的被迫害致瘋；有的由於藥物發作很快死亡。

調查結果顯示，用「精神病治療」手段迫害法輪功學員的案例遍布中國二十三個省市自治區，至少有上百所省、市、縣、區的精神病院參與了迫害。從案例的數量及分布範圍看，對法輪功學員的濫用精神藥物的迫害，是一個有計劃的、自上而下系統實施的政策。至少有一千多名精神正常的法輪功學員被強迫關進精神病院、戒毒所，許多人被強迫注射或灌食多種破壞中樞神經的藥物，並遭受長時間捆綁、電擊等酷刑，至少十五人被這樣迫害致死。

（四）超越法律體系的六一〇辦公室

一九九九年六月七日，江澤民在中共政治局會議上毫無根據地誣衊法輪功，把對法輪功問題的處理定性為一場「政治鬥爭」，把法輪功打成中共的政治敵人，刺激中共的鬥爭神經，並下令成立了中央處理法輪功問題領導小組，因為成立於六月十日，對外稱為「六一〇辦公室」。隨後，這個「六一〇辦公室」從上到下遍及全國各級政府，具體負責打擊法輪功的所有事務，中共黨委領導下的政法委，媒體、以及政府機關的公檢法部門和國安等都是其打手。「六一〇辦公室」名義上在國務院掛牌，實際上是一個在國家和政府體制之外的黨務組織，不受任何法律條文以及國家政策規定的限制，是一個超越國家法律體系和政府體

制的，擁有極大調度國家資源的超權力機構，類似於納粹德國的蓋世太保，作惡多端。江澤民下令鎮壓法輪功之後，一九九九年七月二十二日，新華社發布中共中央組織部負責人、中共中央宣傳部負責人等的講話，公開支持江澤民迫害法輪功，這一切都從共產黨的嚴密組織上，配合了江澤民邪惡計劃的實施。

有眾多的案例證明，凡是和法輪功有關的案件，公安局、檢察院和法院都無權自主處理，必須聽命於這個「六一○辦公室」。許多被捕、被關押、和被虐待致死的法輪功學員的家屬，在向公檢法體系查詢投訴的時候，都被告知需要「六一○辦公室」來決定。

而這個「六一○辦公室」的存在，沒有任何法律依據。其在向中共所有體制內機構下達命令的時候，大多數時候沒有書面命令和通知，只有口頭傳達，而且規定所有聽傳達者不許錄音、不許錄像甚至不許文字記錄。

這種臨時專政機構，正是中共歷來無法無天的慣用伎倆。在中共歷次政治整肅運動中，都是以這種非正常手段和非正常的臨時機構領導，如中央文革小組，來把共產黨的暴政推向全國。

中共在長期暴政和高壓統治過程中，用暴力、謊言和封鎖資訊練就了世界上最強大、最邪惡的國家恐怖主義，使其殘暴和謊言欺騙運用到爐火純青的地步，規模和程度更是空前絕後，在歷次政治運動中積累了系統有效的整人、害人和殺人的方法和經驗，殘酷、狡猾與奸詐。上述例子中的丈夫受不了警察的威脅和騷擾，下毒手掐死了善良的妻子。這正是中共以媒體欺騙、政治壓力、株連、威脅等等國家恐怖主義手段扭曲人性、煽動仇恨的

惡果。

（五）利用軍隊和國庫財政力量

中共對國家軍隊的控制使其在鎮壓人民時敢於肆無忌憚、為所欲為。這次對法輪功的鎮壓中，江澤民不但動用警察、武警，而且在一九九九年七至八月間，當全國有數十萬、甚至數百萬手無寸鐵的老百姓要上訪北京，為法輪功申訴冤情時，江澤民直接動用了軍隊武裝，在北京市內一些地方布置了士兵，除此之外，還在通往北京的要道上布滿了荷槍實彈的士兵，配合警察攔截和抓捕上訪的法輪功學員。江澤民直接調動中共的武裝力量為血腥迫害掃平了道路。

中共對國家財政的控制，成為江澤民迫害法輪功的經濟後盾。遼寧省司法廳高級官員曾經在遼寧省馬三家「勞動教養院」的大會上承認：「對付法輪功的財政投入已超過了一場戰爭的經費。」

雖然目前還不清楚中共究竟動用了多少國家經濟資源和人民的血汗收入來迫害法輪功，但是推算一下就不難看出會是天文數字。二○○一年，來自中共公安內部的消息顯示：僅天安門一地，抓捕法輪功學員一天的開銷就達一百七十萬到二百五十萬人民幣，即一年的支出達六億二千萬到九億一千萬。全國範圍內，從城市到邊遠的農村，從派出所警察，到公安局，再到各級「六一○辦公室」人員，江澤民為迫害法輪功估計至少僱傭了數百萬人，這筆工資花費可達每年上千億元人民幣。不僅如此，江澤民花費巨額經費擴建關押法輪功學員的勞教所和建立洗腦

中心和基地等。例如，二〇〇一年十二月，江澤民一次性投入四十二億元人民幣建立轉化法輪功學員的洗腦中心或基地。江澤民還用金錢刺激和鼓勵更大批的人參與迫害法輪功，很多地區，每抓到法輪功學員獎勵數千乃至上萬元。而在對法輪功的迫害邪惡至極的遼寧馬三家勞教所，中共一次性獎勵所長蘇某五萬元人民幣，副所長邵某三萬元人民幣。

中共總書記江澤民是這場邪惡迫害的始作俑者和策劃指揮者，他利用了中國共產黨的運動機制發動了對法輪功的迫害，對這場歷史罪惡負有不可逃脫的責任。而如果沒有中國共產黨及其長久歷練出來的殘暴機制，江澤民也根本就不可能發起和進行這場邪惡迫害。

江澤民和中共互相利用，冒天下之大不韙，為一己和一黨之私而反對真善忍，是這場罪惡與荒謬能夠發生的真正原因。

五、江澤民從內部打倒了中共

江澤民出於一己之私，利用共產黨固有的邪惡，在中國搞了這場針對修煉「真善忍」的民眾的血腥迫害，對社會上這股向善的、對國家社會最有益無害的力量發起征討。這場迫害不僅把國家和人民拖入一場罪惡和災難，也最後從根本上打倒了共產黨自己。

江澤民利用中共把古今中外的一切邪惡手段都利用來對付法輪功，法律、道德和人性都遭到極大破壞，這從根本上毀壞著國家政權的統治基礎。

　　江澤民集團動用一切可以動用的國家財力、物力和人力來來打擊法輪功，鎮壓好人，給國家和社會造成極大的負擔，給金融系統帶來了極大的壓力。中共根本無法持久進行這場注定失敗的迫害，只能靠挪用民眾的存款、發行國債（國庫券）和誘惑海外投資來維持。

　　中共和江澤民在迫害中使用了流氓、殘暴、欺詐等各種手段，將中共的邪惡經驗之大全，在迫害法輪功的過程中全盤托出。

　　中共和江澤民動用了一切宣傳工具來造謠詆毀法輪功，為鎮壓和迫害製造藉口。然而紙包不住火，當謊言最後被揭露出來，當這一切邪惡因為迫害的失敗而曝光、而廣為人知時，其造謠宣傳的工具再也欺騙不了民眾，中共就徹底失去了信譽，失去了民心。

　　江澤民在一九九九年鎮壓法輪功之初，曾打算「三個月」解決法輪功。但是中共低估了法輪功的力量，低估了傳統和信仰的力量。

　　自古邪不壓正，邪惡是不能從人們的心中「剷除」善良的。五年多過去了，法輪功仍然是法輪功，而且在世界上得到了更廣泛的傳播。江澤民和中共卻在這場正邪較量中大敗，也把其自身的流氓、殘酷和邪惡本性暴露無遺。江澤民現在聲名狼藉，內外交困，正在面臨眾多的法律起訴和要求清理、法辦與繩之以法的呼聲。

　　中共本想利用這次鎮壓來鞏固其暴政，結果不僅沒有能夠「充電」，而且把自身的能量洩盡。現在中共已經壞得不可救

藥，就像一顆爛透了的枯樹，無需風吹草動，自己就會倒塌。任何妄想挽救共產黨的企圖到頭來只是逆歷史潮流而動，不僅勞而無功，而且將毀了自己的前程。

結 語

當時任中共總書記的江澤民是這場邪惡迫害的始作俑者和策劃指揮者。江澤民充分利用了中國共產黨的權力、地位、整人手段、運動機制而發動了這場對法輪功的迫害，對這場歷史罪惡負有不可逃脫的責任。另一方面，如果沒有中國共產黨，江澤民也根本就不可能發起和進行這場邪惡迫害。中國共產黨，從它產生之日起就與正義和善良為敵，以鎮壓為手段，以迫害為能事，以一黨統天下的思想控制為其統治基礎；共產黨出於其本性，懼怕真善忍，仇視法輪功，其對法輪功的鎮壓和迫害，也是偶然中的必然。江澤民和中共在打擊「真善忍」時，使假、惡、暴、毒、邪、腐敗等乘機氾濫，隨之而來的是中國大地上普遍的道德淪陷，社會風氣惡化，人人深受其害。

中共與江澤民之間的互相利用、狼狽為奸，把二者的命運也綁在了一起。法輪功正在起訴江澤民，當江澤民被繩之以法的時候，中共的下場也就可想而知。

對修煉真善忍的一群好人進行毫無人性的迫害，天理不容。江澤民和中共的惡行，也將給人類留下永久和深刻的教訓。

九評 之六

評中國共產黨破壞民族文化

←文革破壞中華文化道統，山東孔廟大成殿孔子彩塑像被挖眼挖心，身上貼滿標語，胸前標語上寫「頭號大混蛋」。

↓中共統治期間，地處邊陲青藏高原與世無爭的藏民和僧侶也遭戴高帽批鬥凌辱。

↑孔子廟大量珍貴文物及「萬世師表」金匾在文革期間被焚毀。

前 言

文化是一個民族的靈魂，是與人種和土地這些物質要素同樣重要的精神要素。

一個民族的文明史就是其文化發展史，民族文化的徹底摧毀意味著一個民族的消亡。人類歷史上那些創造出輝煌文明的古老民族，也許他們的人種依然倖存，但是他們的民族卻隨其傳統文化的消失而灰飛煙滅。而中國做為世界上唯一連續傳承五千年的古老文明，對其文化的破壞就更是一種巨大的罪行。

「盤古開天地」、「女媧造人」、「神農嘗百草」、「倉頡造字」，奠定了神傳文化的初始。「人法地，地法天，天法道，道法自然」，道家天人合一的思想融入文化的血脈；「大學之道，在明明德，」兩千多年前的孔子設館授徒，把以「仁義禮智信」為代表的儒家思想傳予社會。公元一世紀，「慈悲普度」的釋教佛法東傳，中華文化變得更為博大精深。儒、釋、道三家思想交相輝映，使盛唐時期達到舉世矚目的輝煌。

雖然中華民族在歷史上多次遭到侵略和打擊，傳統中華文化一直表現出極大的融合力與生命力，其精華代代相傳。「天人合一」代表著我們祖先的宇宙觀；「善惡有報」是社會的常識；「己所不欲，勿施於人」，是為人的基本美德；「忠孝節義」是人生於世的標準；「仁義禮智信」成為規範人和社會的道德基礎。在這樣一個前提下，中華文化體現出誠（實）、善（良）、和（為貴）、（包）容等優點。「天地君親師」的牌位，反映出百姓敬神（天地）、忠社稷（君）、重家庭（親）、尊師道的根

117

深蒂固的文化內涵。中華傳統文化追求天人和諧，重視個人的修養，以儒釋道的修煉信仰為根，能夠包容，能夠發展，能夠維護人間道德，能夠使人有正信。

與法律這種剛性約束不同的是，文化約束是柔性的。法律偏重於犯罪之後的懲罰，而文化對於道德的育化卻起著預防犯罪的作用。一個社會的倫理價值觀常常是通過文化具體反映出來。

在中國歷史上，傳統文化達到鼎盛的唐朝恰恰是中華國力鼎盛的時期，科學也因此在世界上獨領風騷。當時歐洲、中東、日本等地都派人去長安學習，周邊國家則以中國為宗主國，萬國來朝，重譯款塞。秦朝以後，中國常常被少數民族占領，包括隋、唐、元、清和其他少數民族割據的朝代，但是他們幾乎都被漢化，這不能不說是傳統文化的巨大同化力所致。恰如孔子所說：「故遠人不服，則修文德以來之。」

從中共一九四九年竊據政權開始，就傾國家之力開始了對我們民族文化的破壞，這絕不是它出於工業化的狂熱、或希望靠攏西方文明而幹了一些蠢事，而是它在意識形態上與民族的傳統文化勢如水火，因此它的文化破壞就是有組織、有計劃、有系統的，並且是以國家暴力做為後盾的。從建黨到現在，中共對中國文化的「革命」從來都沒有停過，也確實企圖徹底「革」中國文化的「命」。

更為惡劣的是，中共對傳統文化一直採取偷梁換柱的辦法，把從古到今，人在背離傳統文化後產生的宮廷鬥爭、權謀詭計、獨裁專制等等「發揚光大」，創造出一套它們的善惡標準、思維方式和話語系統，並讓人認為這種「黨文化」才是傳統文化的繼

承，甚至利用人們對「黨文化」的反感而使人進一步拋棄中國真正的傳統文化。

這給中國造成了災難性的後果，人心不但失去了道德約束，更被中共強行灌輸了其邪惡學說。

一、共產黨為什麼要破壞民族文化

（一）中華文化源遠流長－－信仰為本，道德為尊

中國人真正的文化是五千年前由黃帝開創的，因此把黃帝稱為「人文初祖」。實際上黃帝也是中國道家思想（黃老之學）的創始人。儒家思想深受道家影響，孔子曰「志於道，據於德，依於仁，游於藝」，「朝聞道，夕死可矣」。記述天地、陰陽、宇宙、社會和人生規律的《周易》被儒家奉為「群經之首」，其中的預測學連現代科學也難望其項背。佛家思想，尤其是禪宗思想對知識分子潛移默化，影響巨大。

儒家思想是傳統文化中「入世」的部分，重視家庭倫理，其中「孝」又占了極重的份量，「百善孝為先」。孔子倡導「仁、義、禮、智、信」，但又說「孝悌也者，其為仁之本歟」。家族倫理可以自然擴展為社會倫理，「孝」向上延伸為大臣對君主的「忠」，所謂「其為人也孝悌，而好犯上者，鮮矣。」「悌」是兄弟之間的關係，可以橫向延伸成朋友之間的「義」。儒家倡導在家族中要父慈、子孝、兄友、弟恭，其中「慈」可以向下延伸為君主對大臣的「仁」。只要家族中的傳統得以保持，社會倫理

也就自然得以維繫，「修身、齊家、治國、平天下」。

佛家和道家思想則是傳統文化中「出世」的部分。佛、道對普通民眾生活的影響可以說無處不在，與道家思想淵源甚深的中醫、氣功、風水、算卦，以及佛家天國地獄、善惡報應等等思想與儒家倫理一起構成了中國傳統文化的核心。

儒、釋、道信仰給中國人建立了一套非常穩定的道德體系，所謂「天不變，道亦不變」。這套道德體系是社會賴以存在、安定和和諧的基礎。

屬於精神層面的道德常常是抽象的，而文化的一個重要作用，就是對道德體系進行通俗化表達。

以四大名著為例，《西遊記》本身就是神話；《紅樓夢》開篇是大荒山無稽崖上空空大士、渺渺真人和通靈寶玉的對話，這段神話是貫穿《紅樓夢》的線索；《水滸傳》開篇講「洪太尉誤走妖邪」，這段神話是水泊梁山一百單八將的來歷；《三國演義》開始講天災示警，以「紛紛世事無窮盡，天數茫茫不可逃」的天命觀結尾。餘者如《東周列國志》或《說岳全傳》也都以類似的故事開頭。

這絕非小說家們在創作時的巧合，而是中國知識分子對於自然界以及人生的基本看法。他們的文化作品對於後人存在著深遠的影響。以至於中國人談起「義」的時候往往想到的不是一個概念，而是關羽這個「義薄雲天」的人物，和「屯土山約三事」、「白馬之圍」、「過五關、斬六將」、「華容道」，最後敗走麥城，「義不屈節，父子歸神」等故事。談起「忠」的時候會自然想到岳武穆「精忠報國」，諸葛亮「鞠躬盡瘁，死而後已」等

等。

傳統價值觀中對「忠義」的讚美就這樣通過知識分子創作的精彩紛呈的故事淋漓盡致地展現在讀者面前。抽象的道德說教，通過文化的方式具體化，形象化。

道家講「真」，佛家講「善」，儒家講「忠恕」、「仁義」，「外略形跡之異，內證性理之同，⋯⋯無非欲人同歸於善」。這才是「儒釋道」信仰為根的傳統文化最有價值的地方。

傳統文化中貫穿著「天、道、神、佛、命、緣、仁、義、禮、智、信、廉、恥、忠、孝、節」等等，許多人可能一生都不識字，但是對傳統戲劇和評書卻耳熟能詳，這些文化形式都是民間百姓獲得傳統價值觀的重要途徑。因此，中共對傳統文化的破壞就是直接毀去中國的道德，也是在破壞社會安定祥和的基礎。

（二）共產黨邪說與傳統文化的對立

共產黨的「哲學」可以說和中國真正的傳統文化截然相反。傳統文化是敬畏天命的，孔子認為「死生有命、富貴在天」，佛家和道家思想都是有神論，相信生死輪迴、善惡有報，共產黨不但信奉「無神論」而且「無法無天」；儒家重視家庭觀念，而〈共產黨宣言〉中明確表示要「消滅家庭」；傳統文化「明夷夏之辨」，〈共產黨宣言〉鼓吹「取消民族」；儒家文化重視「仁者愛人」，共產黨主張階級鬥爭；儒家主張忠君愛國，而〈共產黨宣言〉卻倡導「取消祖國」。

共產黨要想在中國奪取並鞏固政權，就必須要先使其敗壞人倫的思想在中國立足，正如毛澤東所說「凡是要推翻一個政權，

總是要先造成輿論，總要先做意識形態方面的工作。」中共也看到了，共產「學說」這個完全靠槍桿子支撐起來的西方思想垃圾無法和中國五千年博大精深的文化分庭抗禮，乾脆一不做、二不休，把中華文化徹底摧毀，馬列「主義」方可在中國登堂入室。

（三）民族文化妨礙中共的獨裁

毛澤東曾經說過這樣一句話，「我是和尚打傘——無法（髮）無天！」民族文化的存在無疑是中共「無法無天」的巨大障礙。

傳統文化中的「忠」絕不是「愚忠」。在民眾眼中，皇帝是「天子」，上面還有「天」。皇帝並非永遠正確，所以才需要設立諫官指出皇帝的過失，同時中國的信史制度使得史官記錄皇帝的一言一行。士大夫可以「為帝王師」，皇帝做得好與不好是用儒家經典來衡量的。甚至在昏君無道的時候，人們可以起來去推翻他，一如成湯伐桀、武王伐紂，這從傳統文化的角度來看不但不是不忠、不是大逆不道，反而是替天行道。文天祥被俘後，原宋朝皇帝親自出面勸降，文天祥不肯，因為儒家講「民為貴，社稷次之，君為輕」。

這都是獨裁的中共無法接受的，因為它希望「神化首要分子」（即「個人崇拜」），不希望在它之上還有「天」、「道」、「神」等在傳統文化中根深蒂固的概念去約束它；它知道用傳統文化的標準去衡量它的所作所為都是逆天叛道、罪大惡極的，只要傳統文化還存在，人民就不可能稱頌它「偉大光榮正確」；知識分子就會保留「文死諫」、「捨生取義」、「君輕民

貴」等價值標準，而不會變成它的應聲蟲兒；全民就無法「統一思想」。

傳統文化中對於天地自然的敬畏，是中共「改天換地」、「戰天鬥地」的障礙；傳統文化中「人命關天」式的對生命的珍視，是中共搞「群體滅絕」恐怖統治的障礙；傳統文化中「天道」才是道德善惡的最終標準，這等於剝奪中共對於道德的解釋權。因此中共認為傳統文化是它維持政權的巨大障礙。

（四）傳統文化挑戰中共的執政合法性

傳統文化中包含「有神論」和「天命論」。承認「天命」就得證明自己是「有道明君」、「奉天承運」；承認「有神論」，就得承認「君權神授」。而中共的執政理論是「從來就沒有什麼救世主，也不靠神仙皇帝，要創造人類的幸福，全靠我們自己」。

中共宣傳「歷史唯物主義」觀點，宣揚「共產主義」是「人間天堂」，而通往「人間天堂」之路就是依靠「無產階級先鋒隊」即共產黨的領導。承認有神論等於直接挑戰了中共的執政合法性。

二、共產黨如何破壞傳統文化

中共的一切都是為其政治服務的。為了攫取、維護和鞏固其暴政，中共需要用邪惡的黨性取代人性，用「假、惡、鬥」的黨文化替代中國的傳統文化。這種破壞和替代不僅包含著毀壞看

得見的文物古跡和古籍，更是從人的行為、思想和生活方式等方方面面，改變人們傳統的價值觀、人生觀和世界觀。而在另一方面，卻把文化上無關緊要的表象視為「精華」保留下來，再以這些「精華」為門面，將其背後的內涵用黨文化偷梁換柱，然後打著「繼承和發展」中國傳統文化的幌子欺騙人民和國際社會。

（一）三教齊滅

傳統文化既然以儒、釋、道思想為根，中共破壞文化的第一步就是清除他們在世間的具體體現──宗教。

三教在歷史的不同時期都遭到過破壞。以佛教為例，歷史上曾經出現過四次大的法難，史稱「三武一宗」滅佛。但北魏太武帝和唐武宗都是興道教而滅佛教；北周武帝佛道教一起滅，但卻尊崇儒教；周世宗滅佛其實僅僅是為了用佛像鑄錢，對於儒教和道教都未觸及。

唯有中共，三教齊滅。

中共在建政之初就開始毀寺焚經，強迫僧尼還俗，對其他宗教場所的破壞也從未手軟。到了六十年代，中國的宗教場所已經寥寥無幾。文革時「破四舊」就更是一場宗教和文化的浩劫。

舉例來說，中國第一個佛教寺院是東漢初年在洛陽城外營建的白馬寺，為中國「釋源祖庭」。「破四舊」時它自然難逃洗劫。「寺院旁邊有個白馬寺生產大隊，黨支部書記率領農民去革命，亂砸一通，一千多年的遼代泥塑十八羅漢被毀，兩千年前一位印度高僧帶來的貝葉經被焚。稀世之寶玉馬被砸爛。幾年後，柬埔寨流亡君主諾羅敦‧西哈努克指名要朝拜白馬寺，周恩來趕

緊下令將北京故宮裏的貝葉經和京郊香山碧雲寺的清代十八羅漢
運到洛陽，來個冒名頂替，才解決了外交難題。」（丁抒〈幾多
文物付之一炬〉）

　　一九六六年五月開始的「文化大革命」確實是在革中國文
化的命。從當年八月份開始，「破四舊」的烈火燒遍中華大地。
寺院、道觀、佛像和名勝古跡、字畫、古玩做為「封、資、修」
^{（編註）}立即成為紅衛兵們的主要破壞對象。以佛像為例，北京頤
和園萬壽山頂有一千尊琉璃浮雕佛像，經「破四舊」，竟然都五
官不全，無一完好。首都如此，全國都如此，連偏遠的縣城也不
能倖免，「山西代縣有個天台寺，建於一千六百年前的北魏太延
年間，塑像、壁畫甚為珍貴。雖然地處遠離縣城的山溝，『破四
舊』者不畏艱險，前去將塑像、壁畫一掃而空。……陝西周至縣
境內，有兩千五百年前老子講經授學並留下傳世之作《道德經》
的樓觀台。……以他當年講經的『說經台』為中心，方圓十里
之內，散布著五十多處古跡，包括唐高祖李淵為他修的、迄今已
有一千三百多年歷史的『宗聖宮』。如今樓觀台等古跡被破壞，
道士們則全都被迫離開。按教規，道士出家後永不得刮鬍子、剃
頭。現在則被迫剃頭、脫下道服，成了人民公社社員，有的還成
了當地農家的上門女婿。……山東嶗山道家聖地，太平宮、上清
宮、下清宮、斗姆宮、華嚴庵、凝真觀、關帝廟等，『神像、供
器、經卷、文物、廟碑全被搗毀焚燒。』……吉林市文廟是全國

編註：毛澤東「文化領域的專政」，反對古代的「封建主義」、西
方的「資本主義」、共產黨國家的「修正主義」。

四大孔廟之一，『破四舊』中嚴重受損。」（丁抒<幾多文物付之一炬>）

（二）特殊的滅法方式

列寧說：「堡壘最容易從內部攻破」。中共作為一群馬列子孫，對這句話自然心領神會。

釋迦牟尼佛在《大般涅槃經》中預言他涅槃之後，將有魔王轉生成和尚、尼姑與男女居士壞亂佛法。我們當然無從考證釋迦佛具體所指，然而中共對佛教的破壞確實是從「統戰」一些出家人開始的。它甚至派出地下黨員，直接打入宗教內部進行破壞。文革的一次批判會上，就有人質問時任中國佛教協會副會長的趙樸初，「你是共產黨員，為什麼信佛教？」

釋迦佛通過「戒定慧」而修成無上正等正覺，因此在涅槃前，他諄諄教誨弟子要「護持禁戒。勿得虧犯。」並警告說「破戒之人。天龍鬼神。所共憎厭。惡聲流布。……死即隨業受地獄苦。經歷劫數。然後得出。復受餓鬼畜生之身。如是轉轉無解脫期。」

佛陀的警告成了政治和尚的耳旁風。一九五二年，大陸成立「中國佛教協會」時，中共派員出席，會中許多教徒，提出佛教的清規戒律應該廢除，並說這些典章害死了許多青年男女。更有人主張「信教自由，僧娶尼嫁，飲酒食肉，也都應當自由，誰也不能管。」當時與會的虛雲法師看到佛教將因此面臨消亡的危險而挺身抗辯，要求保存戒律和佛教服飾。正是這位虛雲法師曾被誣為「反革命」，拘禁在方丈室內，絕其飲食，大小便均不許外

出，還被勒令交出黃金、白銀和槍械。虛雲在回答「無有」後，慘遭毒打，頭破血流，肋骨折斷。當時虛雲已經一百一十二歲了。軍警將他從榻上推倒在地，第二天再來，看見虛雲未死，又予毒打。

一九五二年成立的中國佛教協會與一九五七年成立的中國道教協會，在其發起書中都明確表示要「在人民政府領導下」，實際上就是在「無神論」的共產黨領導之下。同時兩教都表示要積極參加生產建設，貫徹政府政策等等。完全成為了一個世俗化的組織。而那些精進持戒的出家人卻被扣上反革命分子、會道門的帽子，在「純淨佛道教隊伍」的革命口號下被監禁、勞改、乃至處死。即使如西方傳入的基督教和天主教也無法倖免，「根據一九五八年出版之《中共如何迫害基督教》一書統計，僅以書面透露的資料顯示，大陸神職人員被冠上『地主』、『惡霸』罪名而殺害的，竟達八千八百四十人，因而遭勞改的達三萬九千二百人；被冠上『反革命』罪名而殺害的，達二千四百五十人，因而遭勞改的達兩萬四千八百人。」（百志〈中共打壓宗教的理論與實踐〉）

宗教無疑是出世修行的法門，注重的是「彼岸」和「天國」。釋迦牟尼曾是印度王子，為尋求清淨寂滅的解脫放棄王位入山林苦修；耶穌成道前，撒旦帶他到一座山上，把天下萬國的榮華指給他看，並說「你若俯伏拜我，我就把這一切都賜給你」，耶穌卻不受誘惑。然而被中共統戰的政治和尚、政治牧師卻編出了「人間佛教」、「宗教是真理，社會主義也是真理」等一系列謊話，和「此岸與彼岸並不矛盾」的說詞。鼓勵出家人追

求現世的幸福與榮華富貴，改變宗教的教義和內涵。

佛教戒殺，中共「鎮反」時殺人如麻，政治和尚於是編造出「殺反革命是更大的慈悲」的說法。甚至在「抗美援朝」期間，直接把僧人送上前線殺人。

再以基督教為例，吳耀宗在一九五〇年搞了個「自治自養自傳」的「三自」教會，號稱要脫離和「帝國主義」的聯繫，並積極投身「抗美援朝」。他的一個好朋友因為不肯加入「三自」而被關進監獄二十多年，受盡毒打欺凌。這位朋友問吳耀宗，「你怎麼看待耶穌所行的神跡呢？」吳耀宗回答「那些都被我揚棄了。」

不承認耶穌的神跡，就是不承認耶穌的天國。連耶穌的天國都不承認，還能算做基督徒嗎？但是吳耀宗卻做為三自教會的創始人成了政協常委。當他步入人民大會堂時，一定已經完全忘記了耶穌的話「要盡心、盡性、盡意、愛主你的上帝，這是誡命中的第一，且是最大的。」以及「上帝的歸於上帝，凱撒的歸於凱撒。」

中共「沒收廟產、強迫僧尼學習馬克思主義，以強化洗腦，更強迫僧尼參與勞動。例如，浙江寧波就有一座『佛教工場』，裏面曾有二萬五千多名僧尼被搾取勞力。更荒謬的是，中共鼓勵僧尼結婚，以瓦解佛教信仰。例如一九五一年三八節前，湖南長沙婦聯會，竟下令全省女尼，必須在幾天之內決定結婚！此外，年輕力壯的男僧人被強迫參軍，送到戰場上當炮灰！」（百志〈中共打壓宗教的理論與實踐〉）

中國的各種宗教團體在中共的暴力鎮壓下瓦解了，佛教界、

道教界真正的精英被鎮壓了，剩下的很多還了俗，還有很多是不公開的共產黨員，專門穿著袈裟、道袍和牧師的袍服歪曲佛經、道藏、聖經，從這些經典中為中共的運動找根據。

（三）破壞文物

對文物的破壞也是中共摧毀傳統文化的重要部分。在「破四舊」中，多少知識分子珍藏的孤本書和字畫都被付之一炬，或被打成紙漿。章伯鈞家藏書超過一萬冊，被紅衛兵頭頭用來烤火取暖，剩下的則送往造紙廠打成紙漿。「字畫裱褙專家洪秋聲老人，人稱古字畫的『神醫』，裝裱過無數絕世佳作，如宋徽宗的山水、蘇東坡的竹子、文徵明和唐伯虎的畫。幾十年間，經他搶救的數百件古代字畫，大多屬國家一級收藏品。他費盡心血收藏的名字畫，如今只落得『四舊』二字，被付之一炬。事後，洪老先生含著眼淚對人說：『一百多斤字畫，燒了好長時間啊！』」（丁抒〈幾多文物付之一炬〉）

「人事有代謝，往來成古今，江山留勝跡，我輩復登臨……」現代的中國人如果對歷史還稍有記憶的話，吟唱孟浩然的這首詩時恐怕別有一番滋味在心頭。

「江山勝跡」也在「破四舊」的狂飆驟雨中被砸碎、消失。王羲之寫下流傳千古的〈蘭亭集序〉的蘭亭不但被毀，連王羲之本人的墳墓也被毀掉，吳承恩的江蘇故居被砸了，吳敬梓的安徽故居被砸了，蘇東坡親筆書寫的〈醉翁亭記〉石碑被「革命小將」推倒，石碑上的字被刮去……

這些中華文化之精華經過數千年的承傳積澱，一旦毀去即無

法還原，但中共卻以「革命」的名義毀得理直氣壯。當我們歎息於英法聯軍焚燬了「萬園之園」的圓明園，歎息於那毀於侵略者兵火的傳世巨著《永樂大典》，我們又怎能想到，中共的毀壞要比入侵者更廣泛、更持久、更徹底呢？

（四）精神層面的摧毀

中共除了要在物質層面毀滅宗教和文化之外，還盡其所能地在精神上摧毀人們對於信仰和文化的認同。

舉例來說，中共認為回民風俗屬於「四舊」，於是強迫回民吃豬肉，並命令回民農家和清真寺養豬，規定每戶每年要上交兩頭。紅衛兵甚至強迫藏傳佛教的第二大活佛班禪喇嘛吃大便，命令哈爾濱最大的近代寺廟極樂寺三位僧人舉著一張紙做的牌子，上面寫著「什麼佛經，盡放狗屁」。

一九七一年，林彪出逃，摔死在溫都爾汗，然而在毛家灣搜出的孔子語錄，卻在全國燃起了狂熱的批判孔子的運動。「梁效」在《紅旗》雜誌上發表<孔丘其人>把孔子描繪成「開歷史倒車的復辟狂」、「虛偽狡詐的政治騙子」，一系列醜化孔子的漫畫、歌曲接連出世。

宗教與文化的莊嚴神聖感被破壞殆盡。

（五）破壞無遠弗屆

在中國古代，中央對地方的控制只到達縣一級，縣以下全部靠宗族自治，因此無論是秦始皇的焚書坑儒，還是三武一宗滅佛，這種破壞都是一種自上而下的運動，更不可能徹底，佛、儒

典籍和思想必然還在民間存在著巨大的生存空間。而處於青春期的中學生受到中共煽動後進行「破四舊」，卻是一種遍及全國的帶有「自發熱情」的草根運動，同時中共這種「村村都有黨支部」的嚴密社會控制體系，使得這種「革命」運動無遠弗屆，觸及到每一個人，每一寸土地。

同時，歷史上從來沒有一個皇帝除了用暴力之外，還像中共一樣用詆毀和謾罵的形式，從人心中根除人們認為最神聖和最美好的東西。意識形態上的消滅，有時候比單純的物質消滅更加有效、更加持久。

（六）改造知識分子

中國的漢字凝聚了五千年文明的精華，從字形、字音到由此組成的成語、典故都包含著深刻的文化內涵。中共除了簡化漢字之外，還曾經推行過拼音化方案，希望從活的語言文字中消除文化中的一切傳統，後來因實在無法實施才作罷。而同樣傳承了傳統文化的知識分子就沒有這麼幸運了。

在一九四九年以前，中國有大約二百萬知識分子，雖然他們中一些人留學西洋，但還是繼承了一部分儒家思想。中共當然不會放過他們，因為做為「士大夫」階層，他們的思想對民間意識形態起著不可低估的作用。

於是在一九五一年九月，中共從北大開始搞了一場轟轟烈烈的知識分子「思想改造運動」，並要求在此基礎上「組織忠誠老實交清歷史的運動，清理其中的反革命分子」。

毛澤東一向是討厭知識分子的，他說「他們應該知道一個真

理，就是許多所謂知識分子，其實是比較最無知識的，工農分子的知識有時倒比他們多一點。」「拿未曾改造的知識分子與工農比較，就覺得知識分子不但精神有很多不乾淨處，就是身體也不乾淨，最乾淨的還是工人農民，儘管他們手是黑的，腳上有牛屎……」

中共對知識分子的迫害是以各種形式的大批判開始的，從一九五一年批「行乞辦學」的武訓（編註），到一九五五年毛澤東親自將胡風打成反革命（編註），知識分子還並沒有被大規模的劃成另類。然而到一九五七年，幾大傳統宗教已經被「統戰」到俯首稱臣時，中共終於騰出手來對付知識分子了，這就是著名的「反右鬥爭」。

一九五七年二月底，中共號召「百花齊放、百家爭鳴」，鼓勵知識分子給共產黨提意見，並誠懇地表示「言者無罪」。對於中共做為外行卻領導一切，以及鎮反和肅反中濫殺無辜早有不滿的知識分子們以為中共終於開明起來，於是開始說出心裏話，言辭也越來越激烈。

歷史過去多年之後，仍然有許多人認為毛澤東只不過是在知識分子對中共的批判越界的情況下忍無可忍，才奮起反擊的，其實並非如此。

毛在一九五七年五月十五日，就寫下了〈事情正在起變化〉

編註：清代武訓辦學的精神在二十年代經由陶行知的推崇而興起。五十年代，中共透過批武訓進而對陶行知的批判，終結了中國教育界「民主個人主義」的影響，全盤蘇化在文藝界、教育界確立了絕對權威，並開啟了中共對自由知識分子思想清算的運動。

一文，在黨內高級幹部中傳達，其中說「最近一個時期，右派表現得最堅決猖狂。他們想要在中國這塊大地上颳起一陣七級以上的颱風，妄圖消滅共產黨。」接著，那些對「大鳴大放」並不感興趣的各級黨官忽然變得極其熱心誠懇起來。

章伯鈞的女兒在回憶錄《往事並不如煙》中記述道：中共統戰部部長李維漢親自撥電話邀請章伯鈞參加整風座談會，並將他安排在頭排大沙發上。章不知是計，提了很多意見。整個過程中，「李維漢神情怡然。父親大概以為是稱許自己的談話；殊不知，他這是在為獵物墮網而心安。」章伯鈞隨後就成了中國的頭號大右派。

我們不妨看看幾個簡單的日期：章伯鈞的「政治設計院」，五月二十一日提出；龍雲的「反蘇謬論」，五月二十二日；羅隆基的「平反委員會」，五月二十二日；林希翎在北京大學演說，「抨擊中共的封建社會主義」，五月三十日；吳祖光的「黨趁早別領導藝術工作」，五月三十一日；儲安平的「黨天下」，六月一日。這些都是在毛磨好刀後之後，這些知識分子「應邀」發表的言論。

這些知識分子隨後當然都成了「右派」，這樣的「右派」全國有五十五萬之多。

中國傳統文化中有一種精神，「士可殺不可辱」，而中共卻

編註：當時文藝界名人胡風因對混亂高壓的時局不滿，撰寫了二十萬言的《關於幾年來文藝實踐情況報告》上書黨中央，結果遭至滅頂之災。在全國清查「胡風反革命集團」的鬥爭中，共觸及五千餘人。這是中共建政後「文字獄」的開始。

能做到你不受辱我就不給你飯票，連家人都會受到株連。於是很多知識分子就真的屈服了，在這個過程中一些知識分子出於自保的目的而揭發他人，也傷透了很多人的心。而那些真不可辱的知識分子就被殺雞儆猴，見了閻王。

做為傳統社會道德楷模的「士」階層，就這樣消失了。

毛澤東說：「秦始皇算什麼？他只坑了四百六十個儒，我們坑了四萬六千個儒。我們鎮反，還沒有殺掉一些反革命的知識分子嗎？我與民主人士辯論過，你罵我們秦始皇，不對，我們超過秦始皇一百倍。」

其實，他何止坑了儒，更嚴重的是摧毀了他們的信仰和心靈。

（七）偷梁換柱的表面文化

在中共開始改革開放以後，重修了很多寺院、道觀和教堂，也在國內搞廟會，在海外搞文化節。這是中共對殘存的傳統文化的最後一次破壞與利用。這一方面因為中共無法割裂的人性中的善良使「黨文化」走向破產；另一方面，中共要藉傳統文化裝潢門面，掩蓋中共「假惡鬥」的邪惡本性。

文化之根本是其道德內涵，末節是娛樂作用，中共以恢復文化表面的娛樂功能來掩蓋破壞道德內涵的實質。不管中共拿出多少字畫古玩展覽，舉辦多少舞龍舞獅的文化節、食品節，修建了多少畫棟飛簷的建築，都僅僅在恢復文化表象而非文化精髓，同時也利用這一點增加海內外對中共的文化認同，實質上還是以維護其統治為第一要務的。

　　再以寺院為例，這本是個晨鐘暮鼓、青燈禮佛的修行場所，或是給紅塵中人懺悔禮拜的地方。修行講究的是清靜無為，懺悔禮拜也要求環境莊嚴肅穆，然而現在卻成了發展經濟的旅遊勝地。真正來到寺院的，有多少是沐浴更衣後，帶著虔誠敬佛的心來反省自己的過失呢？

　　修復門面，毀去內涵，這也是中共迷惑世人的策略。無論是佛教、其他宗教還是派生文化，中共就是要使他們淪落到這步田地。

三、黨文化

　　中共在破壞傳統半神文化的同時，通過不斷的政治運動，在不知不覺中樹立起中共自己的黨文化。黨文化改造了老一代人，毒害了年輕一代，也影響著年幼的一代。其影響極深極廣，甚至包括許多人試圖要揭露中共的時候，也不可避免地會帶著黨文化的烙印，使用中共的善惡標準、思維方式和話語系統。

　　黨文化除了深得外來馬列邪說之「邪」外，還把中國人幾千年來積累的負面因素，如宮廷鬥爭、結黨營私、整人權術、詭詐權謀和共產黨宣傳的暴力革命、鬥爭哲學有效地結合起來。在幾十年生存危機的掙扎中，不斷充實發展和「發揚光大」其「假惡鬥」的特徵。

　　黨文化的性質是專制與獨裁，為其政治鬥爭、階級鬥爭服務，它從四個方面構成了黨恐懼專制的「人文」環境。

（一）統治方面

1、封閉文化

共產黨文化是封閉的、壟斷的。沒有思想、言論、結社、信仰等自由。黨的統治好像一套液壓系統，依靠高壓和封閉來維持。一個小小的漏洞都可能造成系統的崩潰。舉例來說，「六四」時不肯與學生對話就是怕開這個口子，一旦開了，工人、農民、知識分子、軍隊就都會要求對話，中國就會走向民主，這就等於挑戰一黨獨裁，因此寧可殺人也不能行這個方便。現在動用數萬網警監控國際互聯網，直接封殺中共不喜歡的海外網站。

2、恐怖文化

共產黨五十五年來是以恐懼壓迫中國人民的靈魂的。高懸的鞭子，高舉的屠刀，不知何時降臨的災難，「規範」了人的行為方式。人們在恐懼中，乖乖地當起了順民。民運人士、自由思想者、體制內的懷疑者、各種信仰團體成員都是殺一儆百的對象，要把異己消滅在萌芽狀態。

3、網絡控制文化

中共對社會的控制是全方位的，包括戶口戶籍制度、街道居民委員會制度、各級黨委結構、「支部建在連隊上」、「村村有支部」、過黨團組織生活等等，並提出與之相應的一系列口號，如「守好自己的門，看好自己的人」、「截留上訪」、「堅決落實包保責任和責任追究制，嚴密防控，嚴肅紀律，確保二十四小時防範管理不失控」、「六一〇辦公室將組織督辦組，不定期對

各地、各單位檢查督辦」等。

4、株連文化

中共全然不顧現代社會的法治原則，大搞株連政策，從對「地、富、反、壞、右」家屬的專政，到「出身論」的提出，一直到今天「對因領導不到位，工作措施不力，導致法輪功人員進京滋事的，對主要領導實行追究責任，通報批評。情況嚴重的，給予紀律處分」，「一人煉（法輪）功，全家下崗」，一位職工煉功，扣發全公司的獎金等。中共還提出「可以教育好的子女」、「黑五類」等歧視政策，提倡與黨一致，「大義滅親」，並通過人事、組織檔案制度、「外調制度」、「檢舉揭發」，「立功受獎」等進行制度保障。

（二）文宣方面

1、一言堂文化

「最高指示」，「一句頂一萬句，句句是真理」。所有媒體一哄而上，集體幫腔。必要時搬出各級黨、政、軍、工、青、婦領導表態支持，人人過關。

2、鼓吹暴力文化

「八億人，不鬥行嗎？」；「打死白打死」；「超限戰」；「原子彈是紙老虎……就算是死一半人，剩下的一半人還可以在廢墟上重建我們的家園」。

3、煽動仇恨文化

「不忘階級苦，牢記血淚仇」成為根本國策，對階級敵人的殘忍被視為美德，宣傳「咬住仇、咬住恨，嚼碎了仇恨強嚥下，

仇恨入心要發芽。」

4、謊言文化

「畝產過萬斤」；「『六四』天安門沒有死一個人」；「我們已經控制了薩斯」；「當前是中國人權的最好時期」；「三個代表」。

5、洗腦文化

「沒有共產黨就沒有新中國」；「領導我們事業的核心力量是中國共產黨，指導我們思想的理論基礎是馬克思列寧主義」；「和黨中央保持高度一致」；「理解的要執行，不理解的也要執行。在執行中加深理解。」

6、馬屁文化

「天大地大不如黨的恩情大」；「一切歸功於黨」；「我把黨來比母親」；「用生命保衛黨中央」；「偉大、光榮、正確的黨」；「戰無不勝」的黨等等。

7、走過場的文化

一個接一個地樹榜樣，抓典型，搞「社會主義精神文明建設」和「思想教育」，結果運動一過大家該幹什還幹什麼，所有的報告會、讀書會、心得交流都成了「認認真真的過場」，社會道德繼續大步倒退。

（三）人際關係方面

1、嫉妒文化

宣傳「絕對平均主義」、「出頭的椽子先爛」，嫉妒有能力和有錢的人；「紅眼病」。

2、人踩人的文化

「面對面的鬥爭，背靠背的揭發」，打小報告、寫黑材料、無中生有和無限上綱都成了靠攏黨組織和積極要求進步的標誌。

（四）潛移默化規範人的內在精神和外在行為方面

1、把人異化成機器的文化

要民眾做「革命機器上永不生鏽的螺絲釘」，「做黨的馴服工具」，「黨指向哪兒，我們就打向哪兒」；「毛主席的戰士最聽黨的話，哪裏需要到哪裏去，哪裏艱苦哪安家。」

2、顛倒是非的文化

寧要社會主義的草，不要資本主義的苗；開槍殺人是為了「換取二十年的穩定」；「己所不欲，要施於人」。

3、自我洗腦絕對服從文化

「下級服從上級，全黨服從中央」；「狠鬥私字一閃念」；「在靈魂深處爆發革命」；「和黨中央保持高度一致」；「統一思想，統一步伐，統一命令，統一指揮」。

4、坐穩奴才位置的文化

「沒有共產黨了，中國就會亂」；「這麼大個中國，除了共產黨，誰能領導得了」；「中國一垮，是世界的災難，所以要幫助共產黨維護其領導」。共產黨長期壓迫的團體出於害怕和自我保護，時常表現得比共產黨還要左。

凡此種種，還有很多。每個中國人都可能從你親身經歷中找到黨文化的各種因素。

經歷過文革的人可能仍然對樣板戲、語錄歌、忠字舞記憶猶

新，對「白毛女」、「地道戰」、「地雷戰」^{（編註）}的對白耳熟能詳，實際上中共就是通過這些文藝形式對人進行洗腦，把中共多麼「英明偉大」，對敵鬥爭多麼「艱苦卓絕」，黨的戰士對黨多麼「赤膽忠心」，可以為黨犧牲一切，而敵人是多麼愚蠢狠毒等等強行灌輸到人的腦子裏，把共產黨所需要的價值觀通過日復一日的宣傳強加給每一個人。今日回頭去看音樂舞蹈「史詩」東方紅，整個主題和表現方式都是「殺，殺，殺」。

同時中共還創造出它自己的一套話語系統，謾罵式的大批判語言、肉麻的歌功頌德語言、空洞無物的官樣八股文章等等，使人一說話就不自覺地墮入「階級鬥爭」和「歌頌黨」的思維模式中去，用話語霸權代替心平氣和的說理。它對宗教詞彙的濫用，更是在扭曲詞彙的內涵。

真理前進一步就是謬誤，黨文化在某種程度上還對傳統價值觀進行濫用。比如傳統文化中講「信」，共產黨也講，但是它講的是「對黨要忠誠老實」；傳統文化中講「孝」，共產黨可以把不贍養父母的人抓到監獄裏去，但卻是因為兒女不贍養父母，父母就成了政府的「負擔」，而共產黨需要的時候，兒女還要和父母劃清界限；傳統文化講「忠」，但「君輕民貴，社稷為重」，共產黨講的「忠」是「愚忠」，要「相信到迷信的程度，服從到盲從的程度」等等。

編註：「白毛女」、「地道戰」、「地雷戰」為文革期間的官方樣板戲，這些戲碼大多混淆歷史，顛倒是非，充斥毛澤東的暴力學說，通過文化的滲透達到其專制獨裁統治的目的。

　　中共常用的詞彙十分具有迷惑性。比如他把國共內戰時期稱為「解放戰爭」，好像是把人民從壓迫中「解放」了出來；把一九四九年以後稱為「建國以後」，而實際上在中共之前中國早已存在，中共只不過是建立了一個新的政權而已；把三年大饑荒稱之為「三年自然災害」，其實根本不是自然災害，而是徹頭徹尾的人禍。然而人們在耳濡目染，天天使用這些詞彙時，卻會不知不覺地接受中共想要灌輸給人的概念。

　　傳統文化中把音樂做為節制人欲的方式。《史記》的〈樂書〉上說人的天性是好靜的，感知外物以後就會影響人的情感，並按照自己的心智產生好惡之情，如果不加以節制的話，人就會被無窮無盡的外部誘惑和內心好惡同化而做出許多壞事，所以先王制禮作樂來節制人。歌曲要「樂而不淫、哀而不傷」，既抒發感情，又對感情有所節制，孔子曰：「詩三百，一言以蔽之，曰思無邪。」

　　這樣美好的東西卻被共產黨拿去做為給人洗腦的手段，像「社會主義好」、「沒有共產黨就沒有新中國」等等歌曲從幼兒園開始要一直唱到上大學，在哼唱的過程中，讓人潛移默化地接受了歌詞中所表達的意思。中共更把民間流傳下來的最好聽的民歌直接盜用其曲調，填上歌頌黨的歌詞，既破壞傳統文化又為黨服務。

　　被中共奉為經典的〈在延安文藝座談會上的講話〉中把文化和軍事稱為「文武兩個戰線」，並稱只有拿槍的軍隊是不夠的，還要有「文化的軍隊」，規定「文藝服從於政治」，「無產階級的文學藝術……是整個革命機器中的『齒輪和螺絲釘』」。由

此派生出的一整套以「無神論」和「階級鬥爭」為核心的「黨文化」和傳統文化完全背道而馳。

「黨文化」確實為中共打江山、坐江山立下了汗馬功勞，與軍隊、監獄、警察一樣同屬暴力機器，只不過提供的是另一種暴力——「文化暴力」。這種文化暴力對五千年傳統文化的破壞渙散了人心，也渙散了民族的凝聚力。

當今許多中國人已經對傳統文化的精髓一無所知，甚至把五十多年的「黨文化」等同於中國五千年的傳統文化，這是中國人的悲哀。許多人在反對傳統文化的時候，也並不清楚，他們實際反的是中共「黨文化」，而不是中國真正的傳統文化。

許多人希望用西方的民主制度取代中國的現行制度。實際上西方民主也是建立在以基督教為主的文化基礎上的，主張「人人在上帝面前平等」，尊重人性和人的選擇。中共這樣專制、非人的「黨文化」怎麼可能做為西方的民主制度的基礎呢？

結 語

傳統文化實際上從宋代開始不斷遭到破壞而發生對傳統的背離，「五四」以後，一些急功近利的知識分子也試圖從否定傳統文化，靠攏西方文明中尋找中國的出路。但是文化領域的衝突與演變一直是學術性的爭鳴，而沒有國家暴力的介入。中國共產黨的出現，把文化的衝突上升到關係中共自身存亡的高度，因此它對文化採取了搗毀砸爛式的直接破壞，和「取其糟粕，去其精華」式、濫用式的間接破壞方式。

　　民族文化的破壞過程也是建立「黨文化」的過程。共產黨在人們心中顛覆著良知理念，使人們背離民族的傳統。民族文化徹底摧毀之日，也就是民族名存實亡之時，這絕非危言聳聽。

　　同時民族文化的破壞還帶給我們意想不到的物質傷害。

　　傳統文化是「天人合一」的，人與自然要和諧共處；共產黨號召「與天鬥其樂無窮，與地鬥其樂無窮」，中國現在生態環境的嚴重破壞與黨文化有著直接的關係。僅以水資源為例，中國人拋棄了「君子愛財，取之有道」的傳統，對自然進行瘋狂的掠奪和污染，目前中國五萬公里河流，有四分之三以上魚類無法生存，地下水污染比例十幾年前就超過了三分之一，現在仍然在繼續惡化。淮河上甚至出現這樣的「奇觀」：小孩在油污的河面玩耍，一點火星落入水面，立刻躍起五米多高的火焰，周圍的十幾棵柳樹被燒燬，可想而知在此地生活的人飲用這樣的水怎能不生各種癌症和怪病。西北地區的荒漠化、鹽鹼化，工業發達地區的污染，都與人心中失去對自然的敬畏有關。

　　傳統文化敬畏生命，中共號召「造反有理」、「與人鬥其樂無窮」，可以以革命的名義整死、餓死幾千萬人，由此帶來人們對生命的漠視，造成了假貨、毒貨的流行。以安徽阜陽為例，許多本來健康的孩子在餵養期間開始出現四肢短小，身體瘦弱，尤其是腦部顯得偏大，並有八名嬰兒因這種怪病而夭折。究其原因，是黑心的商人為賺錢而販賣毒奶粉。有人用激素和抗菌素餵螃蟹、蛇、烏龜，用工業酒精兌假酒，用工業油拋光大米，用工業用增白劑漂白麵粉。河南省一個縣有八年的時間用垃圾油、泔水油、白土油等致癌物質生產有毒的「食用油」，月產上千噸

143

……這些有毒食品絕不是局限在一時一地，而是遍布全國的普遍現象。這與文化破壞後，人心失去道德約束，而一味地追求物質享樂息息相關。

與「黨文化」絕對的壟斷和排他性不同的是，傳統文化具有巨大的包容性。唐代的鼎盛時期，佛家思想、基督教和其他西方宗教都可以與道家、儒家思想和諧共處，真正的傳統文化對於現代西方文明也必然保持開放和包容的姿態。亞洲四小龍形成了「新儒家文化圈」，它們的騰飛已經明證傳統文化並非社會發展的阻礙。

同時，真正的傳統文化以人內心的喜悅而非外在的物質享受來衡量人的生活品質。「與其有譽於前，孰若無毀於後？與其有樂於身，孰若無憂於心？」陶淵明窮困但並不潦倒，依然有「采菊東籬下，悠然見南山」的閒情逸致。

實際上如何發展生產，採用什麼樣的社會制度，並不是文化要回答的問題，它只是在道德領域起著重要的引領和約束作用。真正的傳統文化回歸應該是恢復人對天、地、自然的謙卑，對生命的珍視和對神的敬畏，讓人與天地自然和諧共處。

九評 之七

評中國共產黨的殺人歷史

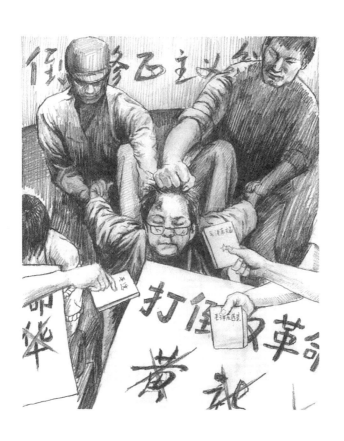

歷史現場

↓2003年3月17日晚，27歲的大學生美術設計師孫志剛（左）因身上未帶暫住證被警方強制拘留，三天後在拘留所死亡，經法醫鑑定係遭反覆毒打而死。右圖為孫志剛親友撫摸遺像慟哭。

↑在廣州工作的美術設計師孫志剛

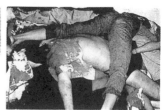

↑1989年在「六四」鎮壓事件中遭屠殺的死者屍體堆積在醫院停屍房。

↑1951年中共「鎮壓反革命」場景。行刑者八人各持步槍瞄準四名全身被縛跪地者的後腦。中共殺人如麻，即使到近年仍未改變。國際大赦組織在2000年4月的報告中指出，從1990年到1999年，中國處死了至少17,500人，據信未能紀錄的實際人數更多。

前 言

中共建政五十五年的歷史是用鮮血和謊言寫就的歷史，而那些鮮血背後的故事不但慘絕人寰，而且鮮為人知。當今天的中國人在付出了六千萬至八千萬的無辜生命，以及更多的破碎家庭後，很多人仍然在想：中共為什麼要殺人？當今天中共仍然在屠殺法輪功，甚至十一月初還在四川漢源開槍鎮壓抗議民眾的時候，許多人也在想：中共是否有一天會停止殺人，學會用嘴說話，而不是用槍說話。

毛澤東在總結「文化大革命」時說「天下大亂，達到天下大治，過七、八年再來一次。」說白了，就是七、八年再來一次運動，七、八年再殺一批人。

共產黨殺人是有其理論根據和現實需要的。

從理論上說，共產黨信奉「無產階級專政」和「無產階級專政下不斷革命」的理論。因此在建政後，它採取「殺地主」的辦法解決農村的生產關係；「殺資產階級」完成工商改造，解決城市的生產關係。這兩個階級殺完，經濟基礎的問題就基本解決了。上層建築的問題也要靠殺人來解決，包括鎮壓「胡風反黨集團」和「反右」以整肅知識分子；「殺會道門」解決宗教問題；「文革殺人」解決文化上和政治上黨的絕對領導權問題；「六四」殺人逃避政治危機，解決民主訴求問題；「迫害法輪功」解決信仰和健身運動的問題等等。這都是中共在強化其地位，維護其統治的過程中，不斷處理經濟危機（建政後物價飛漲、文革後經濟幾乎崩潰）、政治危機（有人對黨不服從，有人

147

要和黨分享政治權利）、信仰危機（蘇聯解體和東歐劇變事件、法輪功事件）的過程中，採取的必然反應。除了法輪功事件外，前面所有的政治運動，幾乎都是給中共邪靈充電、煥發革命鬥志的過程，也是黨的組織檢閱，凡是不符合黨的要求的黨員都被淘汰出局。

同時共產黨殺人也是出於現實的需要。共產黨當年靠流氓無賴殺人起家。既然殺開了頭兒，中間就絕不能停手，而必須不斷製造恐怖，使人民在顫慄中接受對手過於強大而只能俯首稱臣的現實。

從表面看，很多時候中共是「被動殺人」，好像是社會上一件「偶然」事件「偶然」地觸發了中共邪靈和中共組織的殺人機制。其實，掩藏在「偶然」後面的周期性殺人對中共來說又是一種必然，否則，「好了傷疤忘了疼」，過兩年不殺人，人們就會產生中共已經改良的錯覺，甚至像那些八九民運的理想青年一樣撲上去要民主。七、八年殺一次人，就可以不斷刷新人們對恐怖的記憶，也可以警示剛剛成長起來的年輕人－－誰跟共產黨作對，誰想挑戰中共的絕對領導，誰想試圖恢復歷史的真實面貌，誰就要嘗嘗「無產階級專政的鐵拳」。

從這點來說，殺人是中共維繫統治最必要的手段之一。在血債越欠越多的情況下，放下屠刀就等於把自己交給民眾清算。因此，中共不但要殺人殺得屍橫遍野、血流成河，而且要使用十分殘忍的手段，尤其是在建政初期，非如此不能震懾民眾。

既然是為製造恐怖而殺人，那麼殺誰不殺誰也就毫無理性可循。在歷次政治運動中，中共從來都是使用「群體滅絕」政策。

以「鎮壓反革命」為例，中共並非鎮壓反革命「行為」，而是鎮壓反革命「分子」。即使一個人只是被抓丁當了幾天國軍，並且在中共建政後什麼也沒做，一樣要處死，因為他屬於「歷史反革命」。在土改過程中，中共甚至有時會採取「斬草除根」的滅絕方式，除了殺地主之外，連地主的家人都要一起殺掉。

從一九四九年以後，中國有一半以上的人口受到過中共的迫害，估計有六千萬到八千萬人非正常死亡，超過人類兩次世界大戰死亡人數的總和。

與世界上其他共產國家一樣，中共不但大肆屠殺民眾，對其內部也進行血腥清洗，其手段也極其殘酷，目的之一就是清除那些「人性」戰勝了「黨性」的異己分子。它不但需要恐嚇人民，也需要恐嚇自己人，以形成一個「堅不可摧的戰鬥堡壘」。

在一個正常的社會，文化中充滿了人與人的關懷和愛，對生命的敬畏和對神的感恩。東方人說「己所不欲，勿施於人」；西方人說「要愛人如己」。唯有共產黨認為「至今一切社會的歷史都是階級鬥爭的歷史」，為了維持一個「鬥」字，就要在人民中煽動仇恨，不但中共自己要殺人，還要挑動群眾互相殺。讓人民在不斷的殺人中學會漠視他人的生命、他人的痛苦，在種種非人的殘忍暴行面前，變得習慣與麻木，使得僥倖逃過暴行成為最值得慶幸的事，從而使中共的統治可以憑藉殘酷鎮壓得以維繫。

因此，中共在幾十年的屠殺中不但摧毀了無數的生命，更摧毀了中華民族的精神。許許多多的人，已經在殘酷鬥爭中形成一種條件反射。只要中共舉起屠刀，這些人立刻放棄一切原則，放棄一切判斷力，舉手投降，從某種意義上說，他們的精神已經死

亡。這是比肉體死亡更可怕的一件事情。

一、殺人如麻

毛澤東在建政之前即撰文指出「我們對於反動派和反動階級的反動行為，絕不施仁政。」換句話說，早在中共進北京之前就已經下定了實行「暴政」的決心，並美其名曰「人民民主專政」。以下僅列舉一些運動為例。

（一）鎮反與土改

中共在一九五〇年三月發出了〈嚴厲鎮壓反革命分子的指示〉，史稱「鎮反」運動。

與歷代皇帝登基後大赦天下不同的是，中共甫一上台就舉起屠刀。毛在一份文件中說，「很多地方畏首畏尾，不敢大張旗鼓地殺反革命」。一九五一年二月，中共中央又指示說除了浙江和皖南外，「其他殺得少的地區，特別是大、中城市，應當繼續放手抓一批，殺一批，不可停得太早。」毛甚至批示說「在農村，殺反革命，一般應超過人口比例千分之一……在城市一般應少於千分之一。」以當時中國六億人口計算，毛一道「聖旨」就有至少六十萬人頭落地。至於這「千分之一」的比例是怎麼計算出來的無人能知，大概毛拍拍腦袋，認為有這六十萬人命墊底，人民的恐懼也就初具規模了，於是就下達了這個指標。

至於說被殺的人是不是罪當至死，則完全不是中共要考慮的問題。一九五一年頒布的〈中華人民共和國懲治反革命分子條

例〉中規定，連「傳播謠言」都能「斬立決」。

與如火如荼「鎮反」運動同時的，是同樣如火如荼的「土改運動」。實際上，中共在上世紀二十年代末就在其占領區開始「土改」。表面上是實現類似「太平天國」「有田同耕」的理想，實際上真正的目的卻是要找藉口殺人。中共黨內後來的第四號人物陶鑄提出「村村流血，戶戶鬥爭」的土改口號，也就是每村都要槍斃地主。

本來土改完全不必殺人，同樣可以採用台灣政府那種贖買的方式，但依靠土匪和流氓無產者起家的中共只懂得「搶」。搶了人家的東西，又怕人家記恨，索性斬草除根。

土改時最常見的殺人方法是鬥爭會，給地主富農編造一些莫須有的罪名，然後問台下怎麼辦。台下也安排好了中共黨員或積極分子，領頭高喊「該殺！」，於是地主富農就被就地處決。當時農村裏有些田地的都被定為「霸」，經常欺壓百姓的叫「惡霸」；經常修橋補路興學賑災的叫「善霸」；什麼也不做的叫「不霸」，這種劃分並無實質區別，因為不論哪一「霸」的結局常常一樣──當場處死。

中共公布到一九五二年底，消滅的「反革命分子」是二百四十餘萬人，實則遇害的國民黨縣長以下至地方甲長的公教人員及地主最少在五百萬人以上。

這種「鎮反」和「土改」有幾個最直接的功效：第一、過去中國的基層權力組織基本屬於鄉村宗族自治，鄉紳成為地方的自治領袖，中共通過「鎮反」和「土改」殺光了原有體系的管理人員，實現其「村村都有黨支部」的農村全面控制；第二、通過土

改和鎮反搶劫大量錢財；第三、通過對地主富農的殘酷鎮壓達到震懾百姓的效果。

（二）「三反」「五反」

如果說「鎮反」和「土改」主要針對農村基層的話，接下來的「三反五反」運動就是城市中的屠殺運動。

「三反」是從一九五一年十二月開始的針對中共內部幹部腐化而開展的「反貪污、反浪費、反官僚主義」運動。當時也處決了腐敗幹部，但緊接著中共認為其幹部變壞都是資本家引誘的結果，於是在次年一月開始「五反」，即「反行賄、反偷稅漏稅、反盜竊國家財產、反偷工減料、反盜竊國家經濟情報」。

「五反」實際上就是搶資本家的錢、甚至是謀財害命。當時上海市長陳毅每天晚上在沙發上端一杯清茶聽匯報，悠閒地問：「今天又有多少空降兵？」實際上就是問又有多少商人跳樓。「五反」運動使所有資本家在劫難逃，所謂「反偷稅漏稅」是從光緒年間上海開埠算起，資本家傾家蕩產也交不起「稅」，想死又不能跳黃浦江，因為會被說成去了香港，家屬還要繼續被逼迫，只好跳樓而死，讓中共看見屍體好死了心。據說當時上海高樓兩側無人敢走，怕突然被上面跳下來的人壓死。

據一九九六年中共中央黨史研究室等四個部門合編的《建國以來歷史政治運動事實》的數據，在「三反五反」中，有三十二萬三千一百餘人被逮捕，二百八十餘人自殺或失蹤；在一九五五年「反胡風運動」中，有五千餘人被牽連，五百餘人被逮捕，六十餘人自殺身亡，十二人非正常死亡；在隨後的「肅

反」運動中，有二萬一千三百餘人被判死刑，四千三百餘人自殺或失蹤。

（三）大饑荒

中共建政後死亡最多的政治運動是「大躍進」之後的大饑荒。紅旗出版社一九九四年二月出版了《中華人民共和國歷史紀實》一書，在〈大饑荒〉一文中說「一九五九年至一九六一年的非正常死亡和減少出生人口數，大約在四千萬人左右。……中國人口減少四千萬，這可能是本世紀內世界最大的饑荒。」實際上海內外學者對餓死人數的估計在三千萬到四千五百萬之間。

這一場大饑荒被中共歪曲成「三年自然災害」，實際上那三年風調雨順，大規模嚴重的洪水、乾旱、颶風、海嘯、地震、霜、凍、雹、蝗災等自然災害一次也沒有發生，完全是一場徹底的「人禍」。由於「大躍進」使全民煉鋼，大量莊稼拋灑在地裏無人收割，直到爛掉為止；同時各地卻「爭放衛星」，柳州地委第一書記賀亦然甚至一手導演炮製了環江縣水稻「畝產十三萬斤」的特號新聞。正好廬山會議後，中共在全國「反右傾」，為體現其一貫正確，在全國按照虛報的產量進行糧食徵購，結果把農民的口糧、種子糧、飼料全部收走。仍然搜刮不夠徵購數量就誣衊農民把糧食藏了起來。

賀亦然曾經說：不管柳州地區餓死多少人，也要爭個第一！有的農民被搜刮得家裏僅剩藏在尿罐裏的幾把米。環江縣馴樂區委為讓農民有糧也吃不成，甚至下令「滅火封鍋」。民兵夜間巡邏，見到火光就搜查、追捕。許多農民連野菜和樹皮也不敢煮

食，活活餓死。

過去大饑荒發生時，官府總要設粥廠，開倉放糧，允許饑民逃荒，但中共顯然認為逃荒會有損「黨的威信」。於是派民兵把守鄉村的交通路口，防止饑民外逃。甚至在饑民忍無可忍去糧管所搶糧時下令開槍鎮壓，並誣衊被槍殺的饑民是反革命分子。當時甘肅、山東、河南、安徽、湖北、湖南、四川、廣西等許多省份餓殍遍野，沒有飯吃的農民還被逼著去「大修水利」、「大煉鋼鐵」，許多人走著走著路就一頭倒在地上永遠也起不來了。最後死了人沒人有力氣掩埋，許多村莊一戶一戶地死絕。

中國歷史上饑荒最嚴重的時候曾經出現過「易子而食」，而到了中共統治時期卻出現了這樣的故事：活著的人不但把死去的人割了、煮了吃掉，還將外面來逃荒的人、乃至自己的孩子殺了吃掉。「有一戶農家，吃得只剩了父親和一男一女兩個孩子。一天，父親將女兒趕出門去，等女孩回家時，弟弟不見了，鍋裏浮著一層白花花油乎乎的東西，灶邊扔著一具骨頭。幾天之後，父親又往鍋裏添水，然後招呼女兒過去。女孩嚇得躲在門外大哭，哀求道：『大大（爸爸），別吃我，我給你摟草、燒火，吃了我沒人給你做活。』」（作家沙青的報告文學《依稀大地灣》）

這樣的人倫慘劇到底發生了多少我們無從知道，但我們卻知道造成這無數人倫慘劇的罪魁中共，卻把它變成了黨領導人民抗擊「自然災害」的頌歌，並繼續號稱自己「偉光正」。

一九五九年廬山會議，為民請命的彭德懷遭到整肅，一大批敢於說出實話的幹部被撤職、關押、審查，到大饑荒發生時已經無人敢說真話，幾乎全都為了保住自己的烏紗帽而掩蓋餓死人的

真相，甚至甘肅省在陝西主動提出支援他們糧食時，還以糧多得吃不了為藉口拒絕了。

此次大饑荒也是對中共幹部的一場檢閱，按照中共的標準，這些幹部當然都是「合格」的，因為他們已經可以寧可看著數千萬人餓死，也不說實話，相信再也沒有什麼人情天理會成為他們跟黨走的良心負擔了。大饑荒後，肇事的省級幹部們僅僅做了走過場式的檢討了事。在四川餓死了幾百萬人之後，省委書記李井泉甚至後來還被提拔當了西南局第一書記。

（四）從文革、「六四」到法輪功

文革是從一九六六年的五月十六日正式開始的。這段時間被中共自己稱為「十年浩劫」，胡耀邦後來對南斯拉夫記者說：「當時有約一億人受株連，占中國人口的十分之一。」

中共中央黨史研究室等合編的《建國以來歷史政治運動事實》的報告了這樣的數字：「一九八四年五月，中共中央又經過兩年零七個月的全面調查、核實，重新統計的文革有關數字是：四百二十萬餘人被關押審查；一百七十二萬八千餘人非正常死亡；十三萬五千餘人被以現行反革命罪判處死刑；武鬥中死亡二十三萬七千餘人，七百零三萬餘人傷殘；七萬一千二百餘個家庭整個被毀。」而專家根據中國縣誌記載的統計，文化大革命中非正常死亡者至少達七百七十三萬人。

除了打死人之外，文革開始時，中國出現了自殺高潮，許多著名的知識分子如老舍、傅雷、翦伯贊、吳晗、儲安平等都是在文革初期走上絕路的。

文革時期是中國「左傾」最瘋狂的時期，此時的殺人，在很大程度上是一種展示「革命性」的表演，因此對「階級敵人」的虐殺就極其殘酷和野蠻。

「改革開放」卻使信息流通得到了巨大的發展，海外很多記者也因此得以在北京目睹了一九八九年的「六四」血案，並將坦克追擊將學生壓成肉醬的屠城錄像在海外電視台播出。

十年之後，江澤民在一九九九年七月二十日開始鎮壓法輪功。到二〇〇二年年底的時候，大陸的內部消息即指有超過七千人在各地拘留所、勞教所、監獄和精神病院被折磨致死，平均一天虐殺七個人。

如今的中共似乎殺人數量遠遠不像過去龐大得動輒以百萬、千萬計，但是實際上這出於兩個重要的原因：一個是人民被中共的黨文化異化得更加犬儒；另一個是中共由於巨額貪污和盜用國庫已經造成「輸血型」經濟，外資成為維持經濟成長和社會穩定的重要支柱。中共對「六四」之後的經濟制裁記憶猶新，深知此時明目張膽地殺人會導致外資撤離，從而危及其統治。

但是中共背地裏卻沒有停手，只是在極力掩蓋血污。

二、殺人手段極其殘忍

中共所做的一切都是為了奪取權力和維持權力。而殺人就成了其維持權力的重要手段，方法越慘忍、人數越眾多，才越能夠恐嚇人民，而且這種恐嚇是早在抗戰時期甚至以前就開始的。

（一）抗戰期間在華北的暴行

美國總統胡佛向全世界推薦雷震遠神父的著作《內在的敵人》時說「在這本書裏揭露出共產主義在行動上赤裸裸的恐怖真相。我願向那些希望切實明瞭瀰漫在全世界上的這個魔鬼勢力的全國人士們，推薦這本書。」

雷震遠神父在書中講述了一些中共如何用暴行恐嚇民眾的故事。一天，中共要求所有的人都到村子的廣場上去，小孩子們則由他們的老師領著，目的是讓他們觀看十三個愛國青年是如何被砍頭的。在宣讀了一些莫須有的罪狀後，中共命令已經嚇得臉色發白的教師領著小孩子們高唱愛國歌曲。在歌聲中出場的不是舞蹈演員，而是一個手持鋼刀的劊子手。「劊子手是一個凶狠結實的年青共兵，膂力很足。那共兵來到第一個犧牲者後面，雙手舉起寬大銳利的大刀快如閃電般地砍下，第一顆頭應聲落地，在地下滾滾轉，鮮血像湧泉般噴出。孩子們近於歇斯底里的歌聲，變成了不協調雜亂的啼叫聲。教員們想打著拍子將喧囂的音調領上秩序，雜亂中我又聽到鐘聲。」

劊子手連續揮動了十三次鋼刀，砍下了十三顆人頭，隨後中共的士兵們一起動手，對死者剖腹挖心，拿回去吃掉。而這一切暴行都是當著孩子們的面。「小孩子們嚇得面孔灰白，有幾個已經嘔吐，教員們責罵著他們，一面集合列隊返校。」

從此之後，雷神父常常看到孩子們被迫去看殺人。直到孩子們已經習慣於這種血腥場面，他們變得麻木，甚至能夠從中獲得刺激的快感。

當中共覺得殺人已經不夠恐怖刺激的時候，他們開始發明各種各樣的酷刑，比如強迫人吞食大量食鹽卻不給一點水喝，直到受刑人渴死為止；或者強迫一個人脫光衣服，在鋸斷的碎玻璃上滾來滾去；或者在冬天冰凍的河上打洞，把犯人從洞口拋下，直到凍死或淹死而止。

「在山西的一位共產黨發明了一個可怕的刑罰。有一天他在一個城裏閒逛，在一家飯館門口停住，注視著煮飯的大鍋。於是他定購了幾隻大鍋，並立時捕捉一些反共人士，草率舉行審判，同時令苦力把鍋裏注水煮沸。審判一完，立即把三個判死刑的犯人脫光擲進鍋裏，活活煮死。……在平山，我曾看到一個人的父親被活活剝皮至死。兒子被共產黨逼著親眼看這慘刑的執行，親身聽到父親在哀號中死去。共產黨在他父親的身上倒上醋和酸類，一張人皮便很快地剝下。先從脊背開始，然後剝到雙肩，全身皮都剝下後，只剩下一顆頭皮存在。他的父親在全身皮被剝下後幾分鐘便死掉了。」

（二）「紅八月」紅色恐怖和廣西吃人事件

中共在打下江山後，絲毫無意收斂暴行，文革時這樣的暴行被進一步發展放大。

一九六六年八月十八日，毛澤東在天安門城樓接見了「紅衛兵」代表。宋任窮的女兒宋彬彬給毛也戴上了「紅衛兵」袖章。毛在得知宋的名字是「文質彬彬」的彬後，就說了一句「要武嘛」，宋因此改名為「宋要武」。

風風火火的「武鬥」隨即在全國展開，這些中共用無神論

教育出來的年輕一代沒有任何顧忌與懼怕，在共產黨的直接領導下，以毛澤東的指示為準則，以其瘋狂、愚昧和無法無天開始了全國範圍的打人、抄家活動。很多地方對「黑五類」（地、富、反、壞、右）採取「連根拔」的滅絕政策，大興縣尤為典型，從八月二十七日至九月一日，縣內十三個公社，四十八個大隊，先後殺害了三百二十五人，最大的八十歲，最小的才三十八天，有二十二戶人家被殺絕。

「把人活活打死是司空見慣的事，在沙灘街上，一群男『紅衛兵』用鐵鏈、皮帶把一個老太太打得動彈不得，一個女『紅衛兵』又在她的肚子上蹦來蹦去，直到把老太太活活踩死。……這次活動中，在崇文門附近『抄』一個『地主婆』的家（孤身一人的寡婦），強迫附近居民每戶拿來一暖瓶開水，從她脖領灌下去，直到肉已經熟了。幾天後，扔在屋裏的屍體上爬滿了蛆。……當時殺人的方法五花八門，有用棍棒打的、有用鍘刀鍘的、有用繩子勒的，對嬰幼兒更殘忍，踩住一條腿，劈另一條腿，硬是把人撕成兩半兒。」（遇羅文〈大興屠殺調查〉）

比大興屠殺更野蠻的是廣西吃人事件。鄭義將其分為三個階段：

1、開始階段： 其特點是偷偷摸摸，恐怖陰森。某縣一案卷記錄了一個典型場面：深夜，殺人兇手們摸到殺人現場剖腹取心肝。由於恐怖慌亂，加之尚無經驗，割回來一看竟是肺。只有戰戰兢兢再去。……煮好了，有人回家提來酒，有人找來佐料，就著灶口將熄的火光，幾個人悄悄地搶食，誰也不說一句話。……

2、高潮階段： 大張旗鼓，轟轟烈烈。此時，活取心肝已積

累了相當經驗，加之吃過人肉的老游擊隊員傳授，技術已臻於完善。譬如活人開膛，只需在軟肋下用刀拉一「人」字形口子，用腳往肚子上一踩，（如受害者是綁在樹上，則用膝蓋往肚子上一頂）心與肚便豁然而出。為首者割心、肝、生殖器而去，餘下的任人分割。紅旗飄飄，口號聲聲，場面盛大而雄壯⋯⋯

3、群眾性瘋狂階段：其特點可以一句話概括：吃人的群眾運動。如在武宣，像大疫橫行之際吃屍吃紅了眼的狗群，人們終於吃狂吃瘋了。動不動拖出一排人「批鬥」，每鬥必吃，每死必吃。人一倒下，不管是否斷氣，人們蜂擁而上，掣出事先準備好的菜刀匕首，拽住哪塊肉便割哪塊肉。⋯⋯至此，一般群眾都捲入了吃人狂潮。那殘存的一點罪惡感與人性已被「階級鬥爭的十二級颱風」颳得一乾二淨。吃人的大瘟疫席捲武宣大地。其登峰造極之形式是毫無誇張的「人肉筵席」：將人肉、人心肝、人腰子、人肘子、人蹄子、人蹄筋⋯⋯烹、煮、烤、炒、燴、煎，製作成豐盛菜餚，喝酒猜拳，論功行賞。吃人之極盛時期，連最高權力機構——武宣縣革命委員會的食堂裏都煮過人肉！

千萬不要以為，這些吃人的宴會是民間自發的行為，中共做為一個極權組織，對社會的控制深入每一個社會細胞，沒有中共在背後慫恿和操縱，這一切根本不可能發生。

中共常常給自己唱讚歌說「舊社會把人變成鬼，新社會把鬼變成人」，而這一場場的人肉盛宴卻折射出：中共可以使人變成豺狼魔鬼，因為它本身比豺狼魔鬼更加凶殘。

（三）迫害法輪功

當中國人也開始步入電腦時代、宇航時代，也可以私下談論人權、自由和民主的時候，很多人覺得那些令人毛骨悚然又極度噁心的暴行已經過去，中共也披上文明的外衣要和世界接軌了。

實際情況絕非如此，當中共發現有這麼一個團體無懼於它們的酷刑和虐殺時，所使用的手段就更加瘋狂，而這個受到迫害的團體就是法輪功。

如果說，紅衛兵的武鬥和廣西的吃人還是以消滅對方的肉體為目的，幾分鐘或者幾小時就結果一條人命的話，對法輪功修煉者迫害的目的卻是要他們放棄對「真善忍」的信仰，而且殘忍酷刑常常持續幾天、幾個月甚至幾年。估計已有超過一萬名法輪功學員因此而失去生命。

法輪功的修煉者歷盡九死一生記錄下施加在他們身上的超過百種酷刑，以下僅舉幾例：

毒打是虐待法輪功學員最經常使用的酷刑之一。警察牢頭直接打學員，也唆使犯人毒打學員。有的學員耳朵被打聾，外耳被打掉，眼珠被打爆，牙齒被打斷、打掉。頭骨、脊椎、胸骨、鎖骨、腰椎、手臂、腿骨被打斷和截肢的；還有用勁狠捏男學員的睪丸，狠踢女學員陰部。學員不屈服就接著再用刑，被打得皮開肉綻、面目皆非、嚴重變形的血淋淋的人，還要被用鹽水澆身、用高壓電棍電，血腥味與肉糊味相混，慘叫聲撕心裂肺。在暴打的同時用塑料袋套住被打者的頭，試圖讓法輪功學員在窒息的恐怖中屈服。

電刑也是中國勞教所對法輪功學員最常使用的酷刑之一。警察用電棍電學員的敏感部位，口腔、頭頂、前胸、陰部、乳房、

臀部、大腿、腳底，有的到處亂電，用多根電棍電，直至燒焦燒糊，焦味到處能聞到，傷處紫黑。有時頭頂與肛門同時過電。警察經常使用十根或更多電棍同時施暴，電擊時間很長。一般的電棍幾萬伏，連續放電時，發出藍光，伴隨著刺耳的啪啪聲，電在人身上就像火燒一樣，又像被蛇咬，每放電一下，就像被蛇咬一口一樣痛。被電過的皮膚會變紅、破損、被燒焦、流膿等。更高功率和電壓的電棍更加兇猛，電在頭上就如同用錘子砸頭一樣。

用煙頭燒手、臉、腳底、胸、背、乳頭等；用打火機燒手、燒陰毛；將鐵條在電爐上燒紅後，壓在雙腿上烙燙；用燒紅的煤烙學員的臉；把備受酷刑折磨後還有呼吸心跳的學員活活燒死，對外稱其為「自焚」。

專門毒打女學員的前胸及乳房、下身；「強姦」，「輪姦」，用電棍電乳房和陰部；用打火機燒乳頭，用電棍插入陰道；將4把牙刷捆綁一起，插入女學員陰道用手搓轉；用火鉤鉤女學員的陰部；女學員被雙手反銬，用電線把其兩個乳頭穿一起過電；把女學員剝光衣服後投入男牢房，任男性犯人污辱。

將「恐怖約束衣」給法輪功學員穿上，將學員手臂拉至後背雙臂交叉綁住，然後再將雙臂過肩拉至胸前，再綁住雙腿，騰空吊在鐵窗上，耳朵裏塞上耳機不停地播放誣衊法輪功之詞，嘴裏再用布塞住。一用此刑者，雙臂立即殘廢，首先是從肩、肘、腕處筋斷骨裂，用刑時間長者，背骨全斷裂，被活活痛死。

還有將學員浸泡在污水或糞水中，謂之「水牢」。其他折磨還包括竹籤釘指甲，住天棚、地板和牆上長滿紅、綠、黃、白等長毛的房間，用狼狗、毒蛇和蠍子咬，注射摧毀神經的藥物，以

及其他種種千奇百怪的折磨。

三、黨內殘酷鬥爭

由於共產黨是一個靠黨性、而非道義結合的團體，其黨員、尤其是高幹對最高領導人是否忠心就成了問題。因此，在黨內也需要殺人，也需要製造恐怖氣氛以讓活下來的人看到當最高獨裁者要搞死誰的話，這個人會死得多麼慘。

因此共產黨的內鬥十分出名。俄共前兩屆政治局委員，除列寧已死及斯大林本人外，全部被處死或自殺；當時五名元帥中斃了三個，五名集團軍司令中也斃了三個，全部二級集團軍司令十個人全部槍斃，八十五個軍長中斃了五十七個，一百九十五名師長中斃了一百一十個。

中共也一向鼓吹「殘酷鬥爭，無情打擊」。這種鬥爭殺人不僅僅針對黨外，早在江西的時候中共就開始殺AB團，最後殺得幾乎沒有多少會打仗的；在延安的時候搞整風；建政之後收拾高崗、饒漱石、胡風、彭德懷，一直到文化大革命，內部的老傢伙們幾乎收拾一空。中共的歷任總書記沒有一個有好下場。

劉少奇這個中國的國家主席，曾經的中國第二號人物就是在極其悲慘的情況下走完一生的。在他七十歲生日那天，毛澤東和周恩來特意囑咐汪東興帶給劉少奇一個生日禮物——收音機，目的是讓他聽八屆十二中全會的公報：把叛徒、內奸、工賊劉少奇永遠開除出黨，並繼續清算劉少奇及其同夥叛黨叛國的罪行！

劉少奇一下子就從精神上被擊垮了，他的病情急劇惡化。由

於他長期被固定捆綁在床上，一動也不能動，他的頸部、背部、臀部、腳後跟都是流膿水的褥瘡，疼痛難忍。由於他疼起來時一旦抓住衣物或他人手臂就不撒手，人們乾脆就在他兩隻手中塞一個硬塑料瓶子。到他去世時，兩個硬塑料瓶子都被握成了葫蘆形。

到一九六九年十月，劉少奇已經渾身糜爛腥臭，骨瘦如柴，氣息奄奄。中央特派員既不讓洗澡，也不准翻身換衣服。而是把他扒個精光，包在一床被子中用飛機從北京空運到開封，監禁在一個堅固的碉堡地下室裏。在他發高燒時不但不給用藥，還把醫護人員全部調走，臨死時，劉少奇已經沒有人形，蓬亂的白髮有二尺長。兩天後的半夜按烈性傳染病處理火化，用過的被褥枕頭等遺物均被焚化一空。劉的死亡卡片上這樣寫著——姓名：劉衛黃；職業：無業；死因：病死。

黨可以將堂堂國家主席迫害致死，而且死得不明不白。

四、輸出革命，海外殺人

中共除了在國內、黨內殺人殺得興高采烈、花樣翻新之外，還通過輸出革命的方式參與屠殺海外華人。紅色高棉就是一個最典型的例子。

波爾布特的紅色高棉在柬埔寨僅僅維持了四年的政權，然而從一九七五年到一九七八年，這個人口只有不到八百萬的小國卻屠殺了二百萬人，其中包括二十多萬華人。

這裏暫不討論紅色高棉的累累罪行，但卻不得不說一說它和

中共的關係。

波爾布特是毛澤東的絕對崇拜者，從一九六五年開始，曾經四次來中國當面聆聽毛澤東的教誨。早在一九六五年十一月，波爾布特就曾到中國訪問三個月，陳伯達和張春橋等人給他講述「槍桿子裏面出政權」、階級鬥爭、無產階級專政等理論和經驗。這些都成為他後來奪權、建國、治國依據。回國後，他將原來的黨改名為柬埔寨共產黨，並仿中共農村包圍城市的模式，建立革命根據地。

一九六八年柬共正式成立軍隊，到一九六九年底也只有三千多人，但到一九七五年攻占金邊之前，已發展成為「裝備精良、作戰勇猛」的近八萬人武裝力量。這完全得益於中共的扶持。王賢根著《援越抗美實錄》上說，僅在一九七〇年，中國就援助波爾布特三萬人的武器裝備。一九七五年四月波爾布特攻下柬埔寨首都，兩個月後，就到北京拜見中共，聽取指示。顯然，紅色高棉殺人沒有中共的理論和物質支持是根本就辦不到的。

這裏僅舉一例，西哈努克國王的兩個兒子被柬共殺害後，周恩來一句話，柬共便乖乖地把西哈努克送到了北京。要知道柬共在殺人的時候是連腹中的胎兒都要斬草除根的，免得養虎貽患。而對周恩來的要求，波爾布特二話不敢說就執行了。

周恩來一句話可以救了西哈努克，但是對於柬共屠殺二十多萬華人，中共卻抗議一聲都沒有，當時華人去中國大使館求救，使館竟然坐視不理。

一九九八年五月發生的印尼大規模屠殺、強姦華人事件，中共仍然不吭一聲，不但不與救助，反而在國內拚命封鎖消息。似

165

乎海外華人死活與中國政府毫無關係，連人道主義援助都不予提供。

五、家庭的毀滅

中共歷次政治運動殺了多少人，我們已經無法拿出準確的統計數字。民間由於資料的缺乏，和地域、民族、語言的間隔根本無法統計；而中共官方更不可能進行這種自掘墳墓式的統計。因此，中共永遠對待自身的歷史採取「宜粗不宜細」的做法。

對於中共戕害的家庭數量就更難獲得。有的是一個人死了，一個家庭就破壞了。有的是一家一家死絕。即使沒有死人，但被強迫離婚的、父子母女被迫劃清界限的，將人致殘、逼瘋的，將人折磨出重病而過早謝世的等等，也都是痛苦的家庭悲劇，相關的統計數字就更加匱乏。

按照日本《讀賣新聞》的報導，中國有一半以上的人受過中共迫害，那麼中共毀壞的家庭估計至少有上億個了。

關於張志新的報告文學把她變成了一個家喻戶曉的人物，許多人都知道她受盡酷刑、輪姦和精神摧殘，最後在精神失常的情況下，被割斷喉管後槍決。然而許多人可能不知道這場悲劇的背後還有更為殘忍的故事——「死囚家屬學習班」。

張志新的女兒林林回憶起一九七五年初春的一段經歷：「瀋陽法院來的人大聲說：『你媽媽非常反動，不接受改造，頑固不化，反對偉大領袖毛主席，反對戰無不勝的毛澤東思想，反對毛主席的無產階級革命路線，罪上加罪，政府考慮加刑。如果處以

極刑，你是什麼態度？』……我愣住了，不知道怎樣回答。我的心一下碎了。但我強裝鎮靜，強忍著淚。爸爸說過，不能在別人面前掉淚，不然就同媽媽劃不清界限了。爸爸代我回答說：『如果確實那情況，政府怎麼處理都行。』法院的人又問：『處極刑，收不收屍？張志新獄中的東西你們還要不要？』我低著頭沒說話。爸爸又代我說：『我們什麼都不要。』……爸爸領著我和弟弟從縣城招待所出來，跌跌撞撞，頂著呼嘯的風雪回到家。沒有做飯，爸爸將家裏僅剩的一個窩窩掰成兩半，分給我和弟弟吃，說：『吃了早點睡覺。』我靜靜地躺在炕上。爸爸獨個兒坐在小板凳上，對著燈發愣，他瞅了瞅炕上，以為我和弟弟睡著了，就慢慢地站起來，輕輕地把瀋陽家裏帶來的箱子打開，翻出媽媽的照片。看著看著，爸爸禁不住流淚了。我翻下床，一頭撲進爸爸的懷抱，放聲大哭。爸爸拍著我，說：『不能這樣，不能讓鄰居聽到。』聽到哭聲，弟弟醒來了。爸爸把我和弟弟緊緊地摟在懷裏。這一夜，我們不知流了多少淚，卻不能大聲哭。」

某大學一位教師有著幸福的家庭，改正右派時他的家庭卻遭受了一場災難。他的妻子婚前在反右時正談戀愛，戀人被打成右派，流放到邊遠地帶，吃的苦可想而知。年輕的姑娘無法捨身相伴，嫁作他人妻。當早年的戀人歷盡苦難終於回到家鄉，已是幾個孩子母親的她無法懺悔過去的無情和背叛，執意要和現在的丈夫離婚，重新贖回良心的罪責。突然的變異使她的丈夫——這位五十多歲的大學教師無法承受，他精神失常，脫光了衣服在露天裏到處尋找重新安身立命的地方。最終妻子還是離開了他和孩子。黨設下的痛苦剝離是無解的方程，是以這個撕裂取代另一個

撕裂的社會不治之症。

家庭是中國社會結構的基本單元，也是傳統文化對黨文化的最後一道防線。因此對於家庭的破壞是中共殺人史上尤為殘暴的劣跡。

中共由於壟斷了一切社會資源，當一個人被劃為專政對象的時候，馬上面臨著生活的危機，和社會上的千夫所指，尊嚴的被剝奪。這些人又從根本上是被冤枉的，那麼家庭就成了他們獲得安慰唯一的避風港。但是中共的株連政策卻使家庭成員無法互相安慰，否則家人也就成了專政的對象。張志新就是被迫離婚的。而對更多的人來說，親人的背叛、告密、反目、揭發和批鬥，常常是壓垮精神的最後一根稻草，很多人就是這樣走上了絕路。

六、殺人模式及後果

（一）共產黨殺人的理論指導

共產黨常常吹捧自己天才地、創造性地發展了馬克思列寧主義，其實是創造性地發展了集古今中外一切之邪惡。它用共產主義的大同思想欺騙民眾和知識分子，用工業革命對信仰的摧毀販賣徹底的無神論，用共產主義否定私有制，又用列寧的暴力革命理論和實踐統治國家，同時又結合並進一步惡化了中國文化中背離傳統的最惡部分。

中共用它發明的一整套無產階級專政下「革命」和「繼續革命」的理論和框架模式來改造世界，保證其一黨獨裁。其理論

分成無產階級專政下的經濟基礎和上層建築兩部分。其中經濟基礎決定上層建築，上層建築又反作用於經濟基礎。要鞏固上層建築，特別是黨的政權，必須首先從經濟基礎進行革命。這其中包括：

1、殺地主解決農村生產關係

2、殺資本家解決城市生產關係

在上層建築層面，殺人也在反覆進行，為的是保障意識形態上的絕對壟斷。其中包括：

1、解決知識分子對黨的政治態度問題

中共長期以來多次發動「知識分子思想改造運動」，批判資產階級個人主義、資產階級思想、超政治觀點、超階級思想、自由主義等等，洗腦誅心，令知識分子斯文掃地，一些在知識分子中的自由思想和優良品格，包括仗義執言，捨身取義，「貧賤不能移，威武不能屈，富貴不能淫」，「先天下之憂而憂，後天下之樂而樂」，「天下興亡，匹夫有責」，「君子達則兼善天下，貧則獨善其身」的傳統幾乎蕩滌殆盡。

2、為中共在文化和政治上的絕對領導權而發動文革殺人

先是從黨內到黨外發動群眾運動，從文學、藝術、戲劇、歷史、教育等領域殺起。先是全國人民殺幾個人，如「三家村」、劉少奇、吳晗、老舍、翦伯贊等，發展到殺「黨內一小撮」、「軍內一小撮」，再發展到全黨全軍全國人民互相殺戮。武鬥消滅肉體，文鬥消滅靈魂。那是黨操縱下的一個混亂和極度暴烈的時期，人性中惡的方面被黨的危機充電需要放大到最大限度。每個人都可以在「革命的名義」下、在「捍衛黨和毛主席的革命

路線」名義下任意殺人。這是一次空前絕後的滅絕人性的全民操練。

3、為解決文革後社會上的民主呼聲，中共在「六四」開槍殺人

這是軍隊首次公開殺人民，為了壓制人民反貪污、反官商勾結、反腐敗的呼聲，要求新聞自由、言論自由、結社自由的呼聲。為了達到軍隊相互箝制和軍隊仇恨群眾的效果，中共利用甚至布置了燒軍車、士兵被殺死的場面，製造人民子弟兵屠殺群眾的慘案。

4、屠殺不同信仰的人

信仰領域是中共的命根子。為了中共的歪理邪說能夠欺騙一時，中共在建政初期就開始消滅會道門和各種信仰體系。而面對新時期的精神信仰——法輪功群眾，中共再次祭起屠刀。其策略是利用法輪功修煉「真善忍」，「不會放毒」，「不搞暴亂」，「不會造成社會不安定」來取得鎮壓經驗，進而消滅其他一切信仰群體。這一次是中共黨魁江澤民親自跳到前台殺人。

5、為掩蓋消息而殺人

民眾的知情權是中共的另一個致命點，中共也為封鎖消息而殺人。過去「偷聽敵台」就是坐牢的罪名，現在面對各種電視真相插播，江澤民下達了「殺無赦」的密令，插播真相的劉成軍就是被酷刑折磨致死的。中共利用蓋世太保機構六一〇辦公室、警察、公、檢、法和龐大的網絡警察系統，監測群眾的一舉一動。

6、為私利剝奪百姓生存權

共產黨的繼續革命論，其實就是不能放棄領導權的問題。在

現階段，中共的貪污腐敗，已經發展成為黨的絕對領導權與老百姓的生存權的衝突，當民眾起來在法律範圍內維權時，又見共產黨動用暴力，不斷對「為首分子」舞動屠刀。中共為此已經準備了超過一百萬的武裝警察，比起「六四」時臨時調動野戰軍來，今日的中共更加做好了殺人的準備。而當民眾被逼上絕路的同時，中共也在將自己逼上絕路，其政權到了草木皆兵、風雨飄搖的程度。

綜上所述，人們可以看到，共產黨本質上是一個邪靈，為了它的絕對控制權，不管在一時一地表現有什麼變化，它過去殺人，現在殺人，將來還會殺人的歷史不會改變。

（二）不同情況用不同的殺人模式

1、輿論先行

中共使用過各種各樣的殺人方式，不同時代有不同的模式。絕大多數的殺人都是「輿論先行」。共產黨常說的一句話是「不殺不足以平民憤」，倒好像是共產黨應老百姓的要求殺人一樣，實際上，「民憤」卻是中共煽動起來的。

比如戲劇「白毛女」就完全是在篡改民間的傳說故事，「劉文彩」的收租院和水牢也是編出來的，目的就是「教育」人民去痛恨地主。這種妖魔化「敵人」的做法歷來都用，連國家主席也可以妖魔化。對法輪功更是通過偽造的「天安門自焚事件」，來挑動仇恨，而後對法輪功民眾施以群體滅絕式的迫害。這種殺人模式，共產黨不但沒有改，而且隨著信息技術的發展越用越登峰造極，過去是騙中國人，現在連外國人一起騙。

171

2、發動群眾殺人

共產黨不但自己通過專政機器殺人，還「放手發動群眾」殺人。如果說開頭還有一點規章法律的話，待到群眾殺得興起時就毫無節制了。例如「土改運動」中，一個土改委員會就能決定地主分子的生死。

3、先殺靈魂，再殺肉體

殺人的另一個模式是「先殺靈魂，再殺肉體」。歷史上最殘暴的秦王朝也沒有出現過精神屠殺，而中共卻絕不給人慷慨就義的機會。所謂「坦白從寬，抗拒從嚴」，「只有低頭認罪才是唯一出路」。一定要讓人放棄自己的思想和信仰，像狗一樣沒有任何尊嚴地去死，否則慷慨赴死的氣概會激勵來者。只有死得卑微而可恥，才達到了中共「教育」後來人的目的。中共現在迫害法輪功極其殘暴的原因就是法輪功把信仰看得重於生命，在無法摧毀他們的尊嚴時，中共便竭盡所能地折磨他們的肉體。

4、有打有拉地殺人

在殺人的過程中，中共會「胡蘿蔔加大棒」一起用，有打有拉。它從來都是說「打擊一小撮」，或按照百分之五的比例，「絕大多數人」永遠是好的，永遠是「教育」的對象。這種教育分為「恐怖」與「溫暖」兩種。「恐怖」，就是讓人看到與共產黨對立絕沒有好下場，對被打擊的人要避而遠之。「溫暖」，就是讓人們看到如果能得到黨的信任，與黨站在一起，不僅安全，還可以得到重用，甚至分吃一點人血饅頭。林彪說「今天一小撮，明天一小撮，加起來就是一大片」，每每那些慶幸躲過了一次運動的人會成為另一次運動的犧牲品。

5、「消滅在萌芽狀態」的殺人模式和「隱蔽的法律外殺人」模式

如今，中共還發展出「消滅在萌芽狀態」的殺人模式和「隱蔽的法律外殺人」模式。比如各地工潮、農民抗爭越來越多見，中共本著「消滅在萌芽狀態」的原則，每每把「首要分子」抓起來，判以重刑。再如，在人權自由越來越成為世界共識和潮流的今天，中共不判處一個法輪功學員死刑，可是在江澤民「打死白打死」的教唆縱容下，各地普遍出現酷刑致死法輪功學員的慘案。又如《憲法》規定了公民的上訪權利，但是中共使用便衣警察，甚至僱傭地痞流氓，搞「截訪」，抓人、遣送，甚至勞教民間上訪的維權民眾。

6、殺雞儆猴式的殺人

迫害張志新、遇羅克^{【編註】}、林昭^{【編註】}等等。

7、用不殺人來掩蓋殺人

國際上有影響的人往往中共只鎮壓而不屠殺，目的是為了暗中殺那些影響力小的。比如鎮反時，國民黨的高級將領如龍雲、傅作義、杜聿明等倒是沒有殺，殺的都是國民黨的中下級官員和

編註：文革初期，在中國血流遍地的時候，遇羅克公開發表了長篇論文〈出身論〉，對反人權的血統論進行了猛烈的批判，贏得民間支持，冒犯了文革當局而被捕入獄，一九七〇年遭處決。

編註：一九五七年，北大新聞系學生林昭因同情「右派」同學，講了一句公道話而遭受長期監視，其後被冠上「組織反革命集團」罪逮捕，在獄中受盡非人的酷刑折磨，一九六八年遭密殺及滅屍。

士兵。

長期以來的殺人異化了人的靈魂，現在中國許多人的殺心都很重。「九一一」事件時，大陸網站上竟然一片叫好之聲，鼓吹「超限戰」的說法也不絕於耳，這實在讓人思之不寒而慄。

結 語

由於中共的消息封鎖，我們無法確切知道在其統治期間到底有多少人被迫害死，以上列舉的各個運動就至少致死了六千萬人，此外還有中共在新疆、西藏、內蒙、雲南等地對少數民族的屠殺，相關史料就更難找到。《華盛頓郵報》則估計中共迫害死的人數達八千萬之多。

除了致死之外，還有多少人被致殘，多少人得了精神病，多少人被氣死、嚇死、鬱鬱而終，我們更不得而知。要知道，每一個人的死亡，對家庭成員來說都是一段刻骨銘心的慘痛悲劇。

日本《讀賣新聞》曾經報導，中共中央下令對全國二十九省市進行統計，整個文革波及遭殃者至六億人，占中國人口的一半左右。

斯大林曾說，死一個人是悲劇，死一百萬是個數字。李井泉在聽到別人告訴他四川省餓死了許多人的時候竟然若無其事地說「哪個朝代不死人？」毛澤東說：「要奮鬥就會有犧牲，死人的事是經常發生的。」這就是無神論的共產黨人對待生命的態度，所以斯大林迫害死兩千萬人，占前蘇聯人口的十分之一；中共迫害死八千萬，也差不多十分之一；紅色高棉迫害死二百萬，占其

人口的四分之一；現在北朝鮮餓死的人估計也超過一百萬了，這都是共產黨欠下的血債。

邪教用殺人來血祭其供奉的邪靈，共產黨從出現開始也不斷用殺人、甚至是殺不了外面的人就殺自己人的做法來祭祀其「階級鬥爭」、「路線鬥爭」的邪說，乃至把自己的總書記、元帥、將軍、部長等等擺上其邪教的祭壇。

許多人認為應該給中共時間讓它變好，並說它現在殺人已經很有節制了。且不說殺一個人也是殺人犯，從更大層面來說，因為殺人是中共達到恐怖統治的手段之一，那麼，殺多殺少就是可以根據需要來調整的。其表現可以概括成「不可預測性」。在人們的恐怖感不大時，多殺一些人就能提高恐怖；在人們的恐怖感很大時，殺少量的人也能維持恐怖；在人們不由自主地害怕時，中共只是嚷嚷殺人（不用殺人）也能維持恐怖；在人們經歷了無數的政治殺人運動，對中共的恐怖形成條件反射之時，中共可以提都不提殺人。宣傳機構的大批判調子就足以喚回人對恐怖的回憶。

一旦社會上人們對恐怖的感受有變化，中共就會調整它的殺人力度。所以，中共殺多殺少本身不是目的，重要的是其殺人的一貫性。中共並沒有溫和，更沒有放下屠刀，而是人民被奴化了。一旦人民起來要求什麼，超出了中共的容忍，中共是絕不會猶豫和客氣的。

也正因為要維持恐怖，隨機性的殺人是維持恐怖最大化的做法。由於歷次大規模殺人中常常有意不明確運動對象、定罪和量刑標準，為避免被劃進可能被殺的範圍，人民往往退縮到一個自

我劃定的相對「安全」區，這個區域有時比共產黨劃的還要小得多。這就是為什麼每次運動人人都是「寧左勿右」，每次運動都是「擴大化」，是因為一級一級的主動加碼以求自保。運動越往下越殘酷，這種全社會的恐怖自動放大效應就來源於共產黨的隨機屠殺。

在長期殺人的歷史中，中共演變成一個變態系列殺人狂。通過殺人來滿足其大權在握、生殺予奪的變態快感；通過殺人來緩解內心的恐懼；通過不斷殺人來壓制以前殺人所造成的社會冤仇和不滿。時至今日，中共由於血債累累，已無善解的出路，而又依靠高壓與專制維持到它生存的最後一刻。即使有時採用「殺人，平反」的模式來迷惑一下，但其嗜血的本質從來沒有變過，將來就更不可能改變。

九評 之八
評中國共產黨的邪教本質

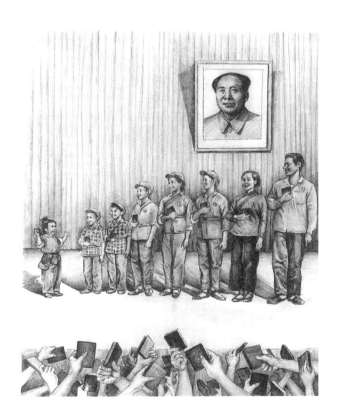

↓1966年文革初期的中共領袖毛澤東、林彪、劉少奇等（自左至右）。數月後劉少奇被整肅並囚禁，死於1969年；1971年林彪與毛決裂，於蒙古墜機身亡；1976年周恩來、毛澤東、朱德等先後死亡。

↓中共篡改歷史一例。圖為1976年中共悼念毛大會會場。下圖為後來發表的同一照片，其中已遭打倒的王洪文、張春橋、江青、姚文元被從照片中挖去。

↑4人從照片中被挖去前。

↑4人從照片中被挖去後。

前　言

　　二十世紀九十年代初，以前蘇聯為首的社會主義陣營土崩瓦解，約百年之久的共產國際運動宣告失敗；但是中國共產黨做為一個異數存留下來，而且統治著占世界五分之一人口的中國。一個不可迴避的問題就是，今天的共產黨還是不是共產黨？

　　首先，在今天的中國，包括中共在內已無人再信共產主義。搞了五十多年的「社會主義」之後，它現在搞的是股份制，私有制，引進獨資外企，對工農進行最大限度的壓榨，與所謂共產主義的理想背道而馳。但與此同時，中共繼續堅持共產黨的絕對領導權。在二○○四年最新修訂過的《憲法》中依然硬性規定：「中國各族人民將繼續在中國共產黨領導下，在馬克思列寧主義、毛澤東思想、鄧小平理論和『三個代表』重要思想指引下，堅持人民民主專政，堅持社會主義道路……」

　　今天的共產黨，猶如「豹死猶留皮一襲」的一個「皮囊」，被中共繼承下來，維持著共產黨的統治。

　　那麼，中共繼承的共產黨這張皮，這個組織，它的本質是什麼呢？

一、共產黨的邪教特徵

　　共產黨的本質，其實就是一個為害人類的邪教。

　　共產黨雖然不稱自己是一個宗教，但是它具足了宗教色彩（見表1）。其成立之初，就把馬克思主義當成天地間的絕對真

理。奉馬克思為精神上帝，以所謂共產主義的「人間天堂」來誘惑黨徒為之奮鬥終身。

表1. 中共的宗教色彩

	宗教的基本形式	中共的形式
1	教堂，講壇	各級黨委，講堂從黨的會議到整個黨控制的媒體
2	教義	馬列主義，毛澤東思想，鄧小平理論，江氏「三個代表」，黨章
3	入教儀式	宣誓，永遠忠於共產黨
4	信仰專一	只信共產黨
5	教士	黨委書記等各級黨務人員
6	神的崇拜	詆毀一切神，再自立為不稱神的神
7	死稱為「升天、下地獄」	死稱為「去見馬克思」
8	經書	領袖們的理論著作
9	佈道	大會小會，領導講話
10	唸經、盤道	政治學習，黨員的組織生活會
11	聖歌	歌頌黨的歌曲
12	捐獻	聚斂黨費，硬撥預算（人民血汗）
13	懲戒	黨紀，從「雙規」、「清除出黨」，直至害死、株連

　　共產黨與正教有鮮明的區別。因為正統的宗教都是相信神的，相信善的，以育化人的道德和拯救人的靈魂為目的，而共產黨不相信神靈，並且反對傳統道德。

　　共產黨的所作所為證明它是一個邪教。以階級鬥爭、暴力革命、和無產階級專政為中心的共產黨教義，導致了充滿血腥暴力與屠殺的所謂共產革命。共產黨政權的紅色恐怖持續約一個世紀，禍及半個世界，導致數千萬至上億人喪生。這樣一個創造人間地獄的共產黨信仰，正是人世間的頭號大邪教。

　　對於共產黨的邪教特徵，我們可以總結出以下六條：

（一）編造教義，消滅異己

　　共產黨奉馬克思主義為教義，標榜為「顛撲不破的真理」。共產黨的教義缺少仁愛寬容、充滿狂妄自大。馬克思主義是生產和科學很不發達的資本主義初期時代的產物，對人與社會、人與自然的關係根本沒有正確的認識。這樣一個異端邪說，卻不幸發展為一個國際共產運動，為害世間約百年之久，直到被實踐證明完全錯誤，被世人所拋棄。

　　從列寧以來的共產黨領袖們，還不斷為共產邪教教義添加新的內容。從列寧的暴力革命理論，到毛澤東的無產階級專政下的繼續革命論，再到江澤民的「三個代表」，共產黨的歷史上充斥著諸如此類的歪理邪說。雖然這些理論在實踐中不斷導致災難，而且前後自相矛盾，卻還是要標榜為一貫正確，並強迫人民學習。

　　消滅異己是共產邪教傳教的最有效手段。因為共產邪教的教

義和行為太荒謬,所以它只有靠暴力消滅異己才能強迫人民接受它。中共在奪取政權後,「土改」消滅地主階級,「社會主義改造」消滅資本家,「肅反」消滅了民間宗教勢力和前政權中的人士,「反右派」讓知識分子息音,「文化大革命」中把傳統文化連根剷除,真的實現了人人「讀紅寶書」,「跳忠字舞」,「早請示、晚匯報」的共產邪教一統天下。在後毛、後鄧時期,共產黨又認定信奉真善忍的法輪功會與共產黨爭奪群眾,故必欲剷除而後快。因此發動了一場滅絕性的大迫害,至今無法收場。

(二)崇拜教主,唯我獨尊

從馬克思到江澤民,共產黨領袖的畫像要懸掛起來讓人膜拜,領袖的絕對權威不容挑戰。毛澤東成為「紅太陽」、「大救星」,他的話「一句頂一萬句」。身為「普通黨員」的鄧小平曾太上皇式地主宰中國政治。江澤民的「三個代表」含標點符號才一共四十幾個字,卻被中共四中全會的決定笑話式地標榜為「回答了什麼是社會主義、怎樣建設社會主義的問題,創造性地回答了建設什麼樣的黨、怎樣建設黨的問題,是對馬克思列寧主義、毛澤東思想、鄧小平理論的繼承和發展。」

斯大林濫殺無辜,毛澤東發動文革浩劫,鄧小平下令「六四」屠殺,江澤民搞迫害法輪功,都是這種教主獨裁的惡果。

中共一方面在《憲法》中規定,「中華人民共和國的一切權力屬於人民。人民行使國家權力的機關是全國人民代表大會和地方各級人民代表大會」,「任何組織或者個人都不得有超越《憲

法》和法律的特權」。而另一方面卻在《黨章》中規定中國共產黨「是中國特色社會主義事業的領導核心」，把黨凌駕於國家和人民之上。人大常委會委員長則到處發表「重要講話」，稱人大這個「最高」國家權力機關要「堅持黨的領導」。根據中共的「民主集中制」原則，全黨服從中央，說到底，「人大」實際要堅持的是「一黨獨裁」，並以立法的形式保障共產黨的「一黨獨裁」。

（三）暴力洗腦，精神控制，組織嚴密，能進不能出

共產黨的組織非常嚴密：發展黨員要有兩個介紹人，入黨要宣誓永遠忠於黨，黨員要交黨費、要過組織生活、要集體政治學習。黨組織遍布各級政權，每一個鄉鎮村莊，每一條城市街道，都有黨的基層組織。黨不僅管黨員、黨務，連非黨群眾也同樣在其控制範圍之內，因為整個政權都得「堅持黨的領導」。而共產黨教會的「神父」──遍布各級組織的黨委書記們，在階級鬥爭的年代裏，從來都是幹什麼都外行，只有整人最內行。

生活會上的「批評與自我批評」，是一種普遍而長期的對黨員的精神控制手段。共產黨在歷史上多次「清黨」、「整風」，抓「叛徒」，殺「AB團」，「整黨」，周期性地利用暴力恐怖來培養黨員的「黨性」，使他們永遠與黨保持一致。

入黨如賣身，在國法之上還有黨紀家法。黨能開除黨員個人，個體黨員卻不能脫離共產黨而不付出沉重的代價。如要退黨，就是叛徒。更有甚者，在共產黨邪教一統天下的文革時代，黨要你死你不能活，黨要你活你不能死。如果自殺，那是「自絕

於人民」，還要連累家人也要為之付出代價。

黨內決策黑箱作業，黨內鬥爭絕對秘密，黨的行文是機密文件。做了壞事最怕曝光，動輒以「洩露國家機密」罪處理異議人士。

（四）鼓吹暴力，崇尚血腥，鼓勵為黨犧牲

毛澤東說：「革命不是請客吃飯，不是作文章，不是繪畫繡花，不能那樣雅致，那樣從容不迫，文質彬彬，那樣溫良恭儉讓。革命是暴動，是一個階級推翻另一個階級的暴烈的行動。」

鄧小平講：「殺二十萬，換二十年穩定。」

江澤民講：「肉體上消滅，名譽上搞臭，經濟上截斷。」

共產黨鼓吹暴力，在歷次運動中殺人無數，教育人民「對敵人要像嚴冬一樣冷酷無情」。紅旗被說成是「烈士的鮮血染成」，共產黨對紅色的崇拜實際上是對鮮血的崇拜。

共產黨大樹英雄榜樣，鼓勵人們為黨犧牲。在延安為生產鴉片燒窯而死的張思德，被毛澤東稱之為「他的死是比泰山還要重的」。在瘋狂的年代裏，「一不怕苦，二不怕死」、「為有犧牲多壯志，敢叫日月換新天」等「豪言壯語」充實著物質貧乏的瘋狂。

七十年代末，越共出兵推翻了中共培植的作惡多端的「紅色高棉」政權。中共雖然氣惱萬分，但是因為中國和柬埔寨沒有共同邊界，所以無法直接派軍隊去支援「紅色高棉」。於是中共以「對越自衛反擊戰」為名，行「教訓」越共小兄弟之實，在中越邊境發動對越戰爭，結果使數萬名中國士兵為這場共產黨之間的爭鬥付出了寶貴的生命和鮮血，他們的死其實與國家領土主權

毫無關係。數年後，中共卻廉價地借用一首歌曲——「血染的風采」，把那些被無謂犧牲掉的天真燦爛的年輕生命，化做對「革命英雄主義精神」的祭奠。而一九八一年死了一百五十四名中華烈士才奪回的廣西法卡山，又被共產黨在中越勘分邊界時輕輕一筆劃給了越南。

二〇〇三年薩斯病流行時，中共讓年紀輕輕的護士小姐們「火線入黨」，然後封閉在醫院中護理薩斯病患，將這些年輕人推到面臨生命危險的最前線，並藉機樹立共產黨「一不怕苦，二不怕死」的「光輝形象」，而與此同時江澤民卻貪生怕死地率親信從北京躲到上海（避炎）。

（五）否定有神，扼殺人性

共產黨宣傳無神論，把宗教說成是麻醉人民的「精神鴉片」，在其統治範圍內，把所有的宗教或者消滅或者征服。然後再把自己神化，實現共產邪教的一統天下。

共產黨在破壞宗教的同時，破壞傳統文化。它把傳統、道德、人倫說成是封建、迷信、反動，以革命的名義而剷除。文革中大量出現的夫妻相互揭發、學生打老師、父子反目、紅衛兵濫殺無辜、造反派打砸搶等違背中華傳統的醜惡亂象，正是中共扼殺人性的結果。

建國以來，強制少數民族歸順共產領導，導致豐富多彩的民族文化喪失或變異。

八九年「六四」，「人民子弟兵」屠城，國民對政治前途徹底失望，從此全民向「錢」看。

九九年至今，殘酷迫害法輪功，與真善忍為敵，導致社會道德飛速下滑。

進入新世紀以來，新一輪圈地圈錢圈物[編註]使不少民眾被拋落街頭，上訪人數激增，社會矛盾激化，大規模抗議多次發生，遭到軍警暴力和武裝鎮壓。「共和國」的法西斯性質突顯出來，社會更無道德可言。

以前兔子不吃窩邊草，現今行騙要騙親朋好友，曰「殺熟」；以前國人最重貞節，現今「笑貧不笑娼」。以前醫生、教師是最受人尊敬的有德之士，如今醫院坑病人、學校坑學生最黑。中華民族人性道德被破壞之歷史，一首民謠盡情表現：「五十年代人幫人，六十年代人整人，七十年代人哄人，八十年代各人顧各人，九十年代見人就宰人。」

（六）武裝奪權，壟斷經濟，有政治經濟野心

共產黨成立的宗旨就是武裝奪取政權，進而實施國有制和壟斷性的計劃經濟。共產黨的野心不可謂不大，拿一般的邪教斂財與之比較，只能是小鬼見魔王。

在共產黨統治的社會主義公有制的國家裏，在通常的國家機構之上，又附著一個權力更大的黨組織——各級黨委及支部。「黨附體」控制著國家機器，直接從各級政府調用經費，共產黨如吸血鬼，不知從國家社會搶走了多少錢財。

編註：圈地圈錢圈物，指中共官商勾結，大規模瓜分、侵吞國家土地、工礦、建築和財產的現代詞彙。

二、共產黨邪教的危害

一提起「奧姆真理教沙林毒氣殺人」、「科學神殿教自殺升天」、「人民聖殿教九百多人集體自殺」，人人不寒而慄，恨之入骨。但是共產黨這個邪教害人要超出千萬倍，因為它有幾個一般邪教做不到的獨到之處。

（一）邪教國教化

在一個正常的國家裏，你說你不信哪個宗教，你可以不看那個宗教的書、不聽那個宗教的理，照樣能活得好。但是生活在中國大陸，你就不能不學習共產黨的邪教教義、不得不聽邪教宣傳，因為共產黨奪取了政權，把共產邪教變做了國教。

共產黨灌輸其政治說教，從小學、幼兒園就開始，以後的升學晉級總脫不了政治考試（核），而那些政治考試題，根本就不容學生獨立思考，必須靠死記硬背共產黨的標準答案才能及格。可憐的中國人，為了考試，不得不從小自動重複著共產黨的說教，一遍又一遍地自己給自己洗腦。政府的上層幹部提升，不論是不是中國共產黨員，都要到黨校去學習。合格的畢業之後，才能晉級。

以共產黨為國教的中國，不容任何異見團體。連被拿來當政治花瓶的「民主黨派」和被改造了的「三自」教會，都得宣告接受共產黨的領導。先忠於共產黨，再信奉上帝，這就是共產黨的邪教邏輯。

（二）社會控制極端化

邪教國教化的基礎是共產黨對人民的控制和對自由的剝奪。這種控制空前絕後，因為共產黨剝奪了人民的私有財產，而私有財產是自由的基礎。在八十年代以前的中國，城市裏的人只能在黨控制下的企事業裏工作謀生，農民必須在（黨的）公社土地上種田吃飯，誰也別想擺脫共產黨的控制。在社會主義的國度，共產黨的組織從中央直達鄉村街道社會最基層，通過黨委、支部等各級黨組織，把社會牢牢控制。這種嚴密控制的結果，人民徹底喪失了自由：遷徙的自由（戶口制），言論的自由（五十五萬右派都犯言論罪），懷疑的自由（林昭、張志新因懷疑黨而被殺害），獲取信息的自由（看禁書、聽「敵台」皆有罪；上網也要受監視）。

可能有人說現在中共也允許私有制了。但是我們不應忘記，改革開放，是因為社會主義搞到了吃不飽飯的地步了，搞到了「國民經濟崩潰的邊緣」，共產黨為了免於滅亡，才不得不退一步求生存。即便是在改革開放以後，中共並沒有放鬆對人民的控制。目前仍在進行的對法輪功民眾的殘酷迫害，也只有在共產黨國家才會出現。如果中共真的如願成為經濟巨頭，可以肯定其對人民的控制只會更加變本加厲。

（三）崇尚暴力、蔑視生命

幾乎所有的邪教都會使用暴力來控制信徒，或對抗外來壓力。但是很少有像共產黨這樣毫無顧忌的使用暴力手段的。把世界上所有邪教害死的人數加起來，也無法和共產黨邪教害死的人數相比。在共產黨邪教來看，人只是實現目的的手段，殺人也是

一個手段。所以共產黨迫害起人來，毫無顧忌，誰都可能成為迫害的對象，包括黨的支持者、黨員、黨的領導人在內。

中共扶植豢養的紅色高棉，典型地說明了共產邪教的殘暴和對生命的蔑視。在毛澤東思想的指導啟發下，波爾布特領導的柬共為「消滅私有制」，在執政的三年八個月中，在這個人口只有不到八百萬的小國卻屠殺了二百萬人，其中包括二十多萬華人。

為了人們不會忘記共產黨的罪惡和紀念死難者，柬埔寨修建了紅色高棉罪惡館。該處原是一所高中，被波爾布特改造成專門對付思想犯的S-21監獄，大批知識分子被關進這裏並以酷刑折磨致死，今日這所S-21監獄被改成紅色高棉罪惡館。館中除了監獄及各種刑具，還陳列所有犧牲者臨死前拍下的黑白照，許多令人毛骨悚然的酷刑：割喉、鑽腦、活摔嬰兒等，皆傳自中共援柬的「專家與技術人員」！連專門拍攝臨刑囚犯的照片以供存檔與欣賞的攝影師，也是中共培訓的。

就是在這個S-21監獄，為了給柬共領導人進補，竟然特製了鑽腦機，取人腦來製造補品。將要被處決的思想犯被綁在一個椅子上，置於鑽腦機前，在被害者極度的恐懼中，快速旋轉地鑽頭，就從被害者的後腦鑽入，快速有效的進行活體取腦。

三、共產黨邪教的本質

什麼因素使得共產黨如此殘暴，如此邪惡呢？當共產黨這個「幽靈」來到人世間時，它帶著一個可怕的使命。〈共產黨宣言〉最後有一段很著名的話：

189

「共產黨人不屑於隱瞞自己的觀點和意圖。他們公開宣布：他們的目的只有用暴力推翻全部現存的社會制度才能達到。讓統治階級在共產主義革命面前發抖吧。無產者在這個革命中失去的只是鎖鏈。他們獲得的將是整個世界。」

這個「幽靈」的使命就是用暴力公開挑戰現實人類社會，要砸爛舊世界，「消滅私有制」，「消滅資產者的個性、獨立性和自由」，消滅剝削，「消滅家庭」，讓無產者統治世界。

一個公開聲稱要「打砸搶」的政黨，不僅不承認自己的觀點邪惡，它在〈共產黨宣言〉中還理直氣壯地宣告：

「共產主義革命就是同傳統的所有制關係實行最徹底的決裂；毫不奇怪，它在自己的發展進程中要同傳統的觀念實行最徹底的決裂。」

社會的傳統觀念是從哪裏來的呢？按照無神論的自然法來說，是自然規律與社會規律的必然，是宇宙運動規律的結果。按照有神論的觀點來說，人類的傳統和倫理道德都是神傳給人的。不管怎麼來的，最基本的人倫道德、行為規範、善惡標準都有其相對不變性，是千百年來規範人類行為、維繫社會生存的基礎。如果人類沒有了道德規範和善惡準則，豈不是要墮落為獸類？當〈共產黨宣言〉「要同傳統的觀念實行最徹底的決裂」時，它威脅的是人類社會正常生存的基礎，注定了共產黨是一個破壞人類的邪教。

〈共產黨宣言〉這篇綱領性的文獻，通篇流露著偏執情結，卻不見仁愛和寬容之心。馬克思、恩格斯自以為通過唯物主義發現了社會發展規律，於是真理在手，懷疑一切，否定一切，執意

把共產主義的虛幻強加於人，不惜鼓吹暴力摧毀已有的社會結構和文化基礎。〈共產黨宣言〉為新生的共產黨注入的正是這樣一個是反天理、滅人性、狂妄自大、極端自私、而又為所欲為的邪靈。

四、共產黨的末日論——「亡黨」恐懼

馬恩為共產黨注入了一個邪靈，列寧則在俄國建立共產黨，通過流氓暴力顛覆了二月革命後新成立的臨時政府，扼殺了俄國的資產階級革命，奪取了政權，為共產邪教在人世間奪得了一塊立足之地。但是革命的成功不僅沒有能使無產者獲得整個世界，相反的，如〈共產黨宣言〉第一段所言，「舊歐洲的一切勢力」，「都聯合起來了」，「對這個幽靈進行神聖的圍剿」。共產黨產生之後，立即陷入生存危機，隨時有被消滅的危險。

十月革命後，俄共布爾什維克掌權既沒給人民帶來和平，也沒有帶來麵包，又胡亂殺人。前線接連打敗仗，後方經濟困難更因革命而加深，於是人民就起來反抗。很快內戰席捲全國，農民紛紛拒絕向城市供應糧食，頓河流域發生哥薩克大規模暴動，和紅軍血腥拉鋸，雙方那種原始的野蠻、殘忍和血腥，在蕭洛霍夫《頓河故事集》、《靜靜的頓河》等文學作品中得到了體現。高爾察克、鄧尼金等前白軍將領率領的起義隊伍，一度幾乎推翻了俄共的統治。一個政權初生便激起幾乎全體人民的反抗，蓋因共產邪教太邪惡，太不得人心。

中共在中國的遭遇也很類似，從「馬日事變」，「四一二屠

殺」，到蘇區五次「圍剿」以及大潰逃的二萬五千里長征，中共長期面臨著被消滅的危機。

共產黨抱著不惜一切手段也要砸爛舊世界的決心出世，卻發現它不得不首先面對一個更為現實的問題：如何能不被消滅而生存下來。因此，共產黨始終生活在害怕被消滅掉的恐懼之中。生存，成為共產黨邪教的頭等大事，一切的一切，到了今天，在國際共產陣營完全解體的情況下，中共的生存危機愈加嚴重，「亡黨」的劫難論在八九年以後越來越接近現實。

五、共產黨邪教的生存法寶——殘酷鬥爭

共產黨一貫強調黨員對黨的絕對忠誠，強調組織性和鐵的紀律。中共的黨員入黨必須宣誓：

「我志願加入中國共產黨，擁護黨的綱領，遵守黨的章程，履行黨員義務，執行黨的決定，嚴守黨的紀律，保守黨的秘密，對黨忠誠，積極工作，為共產主義奮鬥終身，隨時準備為黨和人民犧牲一切，永不叛黨。」（見中共黨章第一章第六條）

共產黨把這種獻身入教的精神稱之為「黨性」。它要求一個共產黨員，必須隨時準備放棄一切個人的理念和原則，絕對服從黨的意志和領袖的意志。要你為善就為善，讓你作惡就作惡，否則就達不到黨員的標準，就是黨性不強的表現。

毛澤東說過，「馬克思主義的哲學，就是鬥爭的哲學」。對黨性的培養和維持，靠的是周期性的黨內鬥爭機制。通過不斷發動的對內對外的殘酷鬥爭，共產黨一方面消滅異己，製造紅色恐

怖，一方面不斷清理黨的隊伍，嚴肅家法教規，培養黨員的「黨性」，增強黨組織的戰鬥力。這成為共產黨保持其生存的一個法寶。

毛澤東是中共領袖中最善於利用這一黨內鬥爭法寶的大師，其鬥爭方式之慘烈，手段之卑鄙，早在蘇區時期就已經顯露出來。

一九三○年，毛澤東在江西蘇區搞了一場大規模的革命恐怖浪潮——「肅AB團」，幾千名紅軍官兵和根據地內的黨團員及普通群眾慘遭殺害。這場事變的直接原因是，毛在江西蘇區的權威剛剛建立，卻遭到以李文林為首的贛西南地方紅軍和黨組織的挑戰，毛不能容忍在他鼻子底下有任何違抗自己權威與意志的有組織的反對力量，不惜採用極端手段鎮壓被他懷疑為異己力量的黨內同志。毛澤東為了造成一個肅「AB團」的大氣候，不惜首先拿跟隨自己的嫡系部隊開刀，於十一月下旬至十二月中旬在紅一方面軍迅速發動「快速整軍」——其主要內容就是在師、團、營、連、排成立肅反組織，捕殺軍中地富出身的黨員和牢騷不滿分子。在不到一個月的時間內，在四萬多紅軍中肅出四千四百餘名「AB團」分子，其中有「幾十個總團長」（指「AB團」總團長），這些人都遭處決。

接下來毛反手開始整治蘇區的異己力量，在一九三○年十二月指派紅一方面軍(編註)總政治部秘書長兼肅反委員會主席的李韶九代表總前委，到達江西省蘇維埃政府所在地富田，將省行委和紅二十軍八個主要領導人段良弼、李白芳等人予以逮捕，施用「打地雷公燒香火」等多種刑法，被打者「皆體無完膚」、「手

193

指折斷,滿身燒爛行動不得」。據當時資料記載,被害人「哭聲震天,不絕於耳,殘酷嚴刑無所不用其極」。十二月八日,李白芳、馬銘、周冕的妻子來看被拘押中的丈夫,也被當做「AB團」抓起來,被施以嚴刑,「用地雷公打手,香火燒身,燒陰戶,用小刀割乳」。在殘酷的刑訊下,段良弼供出李文林、金萬邦、劉敵、周冕、馬銘等「是AB團首領,並供出紅軍學校有大批AB團」。十二月七日至十二日晚,在短短的五天時間裏,李韶九等坐鎮富田,厲行肅反,抓出「AB團」一百二十多名,要犯幾十名,先後處決四十餘人。李韶九等的殘酷行動終於引發一九三〇年十二月十二日震驚蘇區的「富田事變」[編註]。(見高華的〈毛澤東在江西蘇區「肅AB團」的歷史考察〉)

毛澤東靠著鬥爭學說和實踐,從蘇區到延安,逐步謀取和奠定了其黨內絕對領導地位。建國後,這種黨內鬥爭仍然繼續。例如毛澤東在廬山會議上,搞突然襲擊整掉彭德懷,與會的中央

編註:紅一方面軍:一九二八年,共產黨建立軍隊,學蘇聯也稱「紅軍」,但均為各地零散部隊。一九三〇年八月,毛澤東、朱德率紅一軍團與彭德懷率領的紅三軍團會合後,組成「紅一方面軍」,為林彪的第四野戰軍前身。在江西的臨時政府失守後,中共內部分裂,毛澤東等人率紅一方面軍逃往陝西,一路艱險,傷亡巨大,在中共建政後被宣傳為「萬里長征」。

編註:毛澤東派遣肅反委員會主任李韶九在富田逮捕省行委和紅二十軍領導人,經過慘烈的嚴刑逼供與處決,觸發二十軍部分軍官率部隊包圍富田,扣留李韶九等人,釋放被捕人員。這就是中共黨史上的「富田事變」。

領導們沒有一個能不表態過關的，僅有的幾個敢於發表或保留自己意見的，統統被整成了彭德懷反黨集團。到了文革時期，中央的老幹部們一個接一個的被整治，竟然都束手就範，哪個敢對毛澤東哼一聲？共產黨一貫強調對黨的忠誠，強調組織性和鐵的紀律，強調對教主領袖的絕對服從。這種黨性，就是這樣在接連不斷的政治鬥爭中培養和鍛鍊出來的。

曾經做過中共領袖的李立三，在文革中被整治得走投無路，六十八歲的人，還要每月平均被批鬥七次以上。他的夫人李莎做為「蘇修」特務處理，早已投入監獄，音訊全無。他在別無選擇的絕望中，吞下大量的安眠藥自盡。李立三在臨死前給毛澤東寫了一封信，真正反映出一個共產黨員死到臨頭也不敢放棄的「黨性」：

主席：

我現在是走上了自殺叛黨的道路，沒有任何辦法來辯護自己的罪行。只有一點，就是我和我的全家絕沒有做過任何裏通外國的罪行。只有這一點，請求中央切實調查和審查並做出實事求是的結論……

李立三　一九六七年六月二十二日

雖然毛澤東的鬥爭哲學最終把中國拖入一場史無前例的大浩劫。但是這種「隔七、八年來一次」的政治運動和黨內鬥爭，的確成了保證共產黨生存的一個機制。每一次運動，都要整百分之五左右的少數，讓百分之九十五的多數乖乖的統一到黨的路線上，由此增加黨組織的凝聚力和戰鬥力。並由此淘汰那些不肯放棄良知的「不堅定」分子，打擊任何敢於對抗的力量。靠了這

樣一個機制，共產黨內最有鬥爭精神、最善於耍流氓手段的人才能掌控權力，也就是說共產黨邪教教主保證都是富於鬥爭經驗和黨性十足的強悍分子。這種殘酷鬥爭也給經歷過的人以「血的教訓」和暴力洗腦，同時不斷在鬥爭中給共產黨充電，愈加強化其鬥爭精神，保證黨不被消滅，也不會演變成一個放棄鬥爭的溫和團體。

共產黨所要求的這種黨性，正是從共產黨的邪教本質演變出來的。共產黨為了實現自己的目的，決心與一切傳統原則決裂，決心不惜一切手段，與一切妨礙自己的力量為敵，所以它就需要把自己的黨員都培養成無情無義無信的黨的馴服工具。共產黨這種本質，源於其對人類社會和傳統的仇視，源自於對自我的虛妄估價和由此衍生出的極端自私和對他人生命的蔑視。共產黨為了自己所謂的理想，不惜用暴力砸爛整個世界，消滅一切異己。這樣一個邪教，遭到一切有良知的人的反對，所以它就一定要設法消滅人的良知善念，才可能讓人信服它的邪說。所以共產黨要保證自己的生存，首先就是要破壞人的良知善念和道德準則，把人變成馴服的奴隸和工具。在共產黨的邏輯看來，黨的生命、黨的利益高於一切，甚至大於全體黨員集體的利益總和，因此任何個體黨員都隨時要準備為黨犧牲。

從中共的歷史看，像陳獨秀、瞿秋白這種多少保留一些傳統知識分子思想的人，像胡耀邦，趙紫陽這樣心裏還存有人民利益的人，像朱鎔基這樣立志做清官為民幹點實事的人，不論他們對黨貢獻有多大，也不論他們如何沒有個人野心，最後都難免不被清洗或擱置起來，被黨的利益和紀律制約住。多年鬥爭中培養出

來根深入骨的黨性，使他們往往在關鍵時刻妥協，束手就範。因為在他們的下意識裏，黨的生存是最大的利益，寧可犧牲自己，寧可眼看著黨內的邪惡勢力行兇，他們也不敢因為堅持良知善念而影響黨的生存。這正是共產黨的鬥爭機制的結果，它把好人也變成為其所用的工具，卻用黨性最大程度地限制甚至消滅人的良知。中共十幾次「路線鬥爭」，打倒了十多個黨的領導人或是內定的接班人，黨的領袖沒有一個落得好下場。毛澤東雖然稱王四十三年，但屍骨未寒其老婆和姪子就鋃鐺入獄，全黨還歡呼這是毛澤東思想的偉大勝利，喜劇乎？鬧劇乎？

　　共產黨奪取政權以後政治運動不斷，從黨內鬥到黨外。毛澤東時代如此，「改革開放」以後依然如此：八十年代人們的思想才稍有點兒自由，共產黨就搞「反對資產階級自由化」，提出「四項基本原則」，因為共產黨要絕對領導權；八九年青年學生和平要求民主，「六四」遭到血腥鎮壓，因為共產黨容不得民主思潮；九十年代出現了大批信奉真善忍的法輪功學員，卻引來共產黨自九九年至今滅絕型的迫害，因為共產黨容不得人性和善念，一定要動用暴力把人內心的良知摧毀，共產黨才能放心自己的權力；進入新世紀以來，互聯網把世界連通在一起，卻唯有中共花大筆的錢搞網絡封鎖、抓網上自由人士，因為共產黨特別害怕人民得到自由的信息。

六、共產黨邪教的惡變

　　邪教共產黨在本質上否定天理、扼殺人性，本性上狂妄自

大、極端自私、為所欲為。雖然在實踐中不斷犯下禍國殃民的罪惡，但是它永遠不會承認自己的罪惡，也永遠不敢讓人民看清自己的本質。另一方面，共產黨從來不在乎改換口號和招牌，因為這一切在共產黨看來都是手段，只要有利於共產黨的生存這個大目標，共產黨什麼都可以幹，因為它毫無道義原則可言。

這樣一個制度化、社會化了的邪教，其發展方向，只有走向徹底的墮落。由於權力的高度集中，由於對社會輿論及各種可能的監督機制的扼殺，沒有任何力量能夠阻止共產黨走向墮落和腐敗。

今天的中共，已經墮落成為世界上最大的「貪污黨」、「腐敗黨」。據中國官方統計，全中國有兩千萬黨政官員在位，二十多年以來已經有超過八百多萬黨政官員被核實有腐敗犯罪紀錄，受到中國黨紀、政紀、法律懲處，再加上未被查出的腐敗分子，實際上中國黨政官員的腐敗已經超過三分之二，而被查出的仍不過只是一少部分。

貪污腐敗，為自己撈錢、撈取好處，這種物質利益是中共今天抱成一團的最大凝聚力。貪官們知道，沒有共產黨，就沒有他們腐敗的機會，如果共產黨倒台，他們失去的不僅是權力官職，還可能面臨著被清算的危險。在黑幕文學《天怒》中，小說家用市委辦公廳副主任郝相壽的嘴道出了這個黨的天機：「腐敗使我們的政權更加穩定。」

老百姓看得很清楚：「反腐敗亡黨，不反腐敗亡國」。但是共產黨是不會冒著亡黨的危險反腐敗的。它要做的，只是在不得已的時候，殺幾個腐敗分子給人看，用幾顆腐敗分子的腦袋，來

為共產黨延續幾年的時光。共產黨邪教到了今天，唯一宗旨就是保住權力，避免黨的滅亡。

今天的中國，倫理道德被破壞得極為慘重。假貨氾濫，娼妓遍地，毒品復燃，官匪勾結，黑社會橫行，聚賭、行賄、貪污腐化等危害社會的現象氾濫猖獗。共產黨卻在很大程度上聽之任之，而且許多高官直接就是收取保護費的黑後台。南京大學專門研究黑社會現象的學者蔡少卿估計，中國黑社會性質組織成員至少有一百萬人左右。每破獲一個黑幫組織，總會連帶出背後的政府要員、法官、警官等共產黨腐敗分子。

中國共產黨害怕人民有良知善念，所以不敢給人民以信仰自由。對於追求信仰的好人，如追求真善忍的法輪功學員，如信仰耶穌和上帝的地下教會成員，中共極盡其殘酷迫害之能事。中共害怕民主政治會終結一黨專制，所以不敢給人民以政治自由，對於有獨立思想的自由人士，甚至對民間維權人士，也是動輒以大牢伺候。但是中國共產黨卻給了中國人以另一種自由，那就是只要你不關心政治，不反對黨的領導，你就可以把自己的任何慾望都放縱開來，直至去幹任何邪惡的、傷天害理的事。隨之而來的，就是中共的大墮落，以及令人痛心的中國社會道德大滑坡。

「堵死天堂路，打開地獄門」，這正是當今中共邪教敗壞社會的寫照。

七、對共產黨邪教統治的反思

（一）共產黨是什麼？

這個看似簡單的問題卻無法簡單地回答。雖然共產黨披著一個為「公」的外衣，以一個政黨的名義出現，的確能夠迷惑很多人，但是共產黨卻不是一個通常意義上的政黨，而是一個邪靈附體的害人邪教。共產黨是一個活的生命：黨組織，也即邪教的世間表象，是它的肌體；從根本上主宰著共產黨的，是最早注入的那個邪靈，它決定著黨的邪教本質。

共產黨的領袖們，雖然有教主的身分，但他們只是邪靈和黨的代言人與管家。當他們的意志和目的與黨一致並能為黨所用的時候，他們被選擇為領導者。但是當他們不能滿足黨的需要的時候，他們會被無情地打倒。黨的鬥爭機制保證了只有最狡詐、最邪惡、最強悍的分子才能坐穩共產黨教主的席位。中共歷史上十幾個黨領袖都難有好下場，恰恰說明了這個問題。黨的最高領導其實出路有限，要麼破門出教，像戈爾巴喬夫那樣名垂青史；要麼像中共其他總書記那樣被黨吞噬。

群眾，是共產黨奴役和壓迫的對象。在共產黨控制的範圍內，人民群眾沒有拒絕共產黨的權利，卻被強迫接受黨的領導和承擔支持（供養）共產黨的義務。他們還要在黨的鐵血威脅下經常接受邪教式洗腦。共產黨在中國強迫全民信邪教、供養邪教，確是舉世罕見，甚至可以說在全世界獨領風騷。

黨員，是被用來充實共產黨肌體的人群。這部分人中不乏忠厚善良的好人，甚至在社會上取得了傑出的成就。越是這樣的人，中共就越要拉攏進黨內，利用他們的名譽和能力為黨服務。

還有很多人為了當官，為了高人一等，撈取私利而積極加入共產黨，助紂為虐、如魚得水。也有的人希望一生中能有所作為，因為在共產黨統治的天下，除了入黨外沒有個人發展的機會而選擇加入。生活中還有不少人是為了分套房子、甚至爭個「進步」的面子而入黨的。所以中共幾千萬黨員，其中好人壞人都不少。但不管入黨的動機是什麼、是否自願，只要在共產黨黨旗下宣誓，就意味著自願獻身。從此每周的政治學習和組織生活就是不斷的洗腦過程，以至於相當比例的人變得少有自我意志，被共產黨的邪靈所附體、所主宰。這樣的人在共產黨內的職能，好比是人體的細胞，為肌體的存活而不停工作。更悲哀的是，從此「黨性」的緊箍圈加於頭上，再想摘下來就難了，一旦人性顯露，就很可能遭到整肅和迫害。此時即使想退黨，但因為共產黨邪教許進不許出，就會被當做叛徒對待。所以人們常常看到共產黨員身上普遍存在的雙重人格：政治場合的「黨性」一面和日常生活中的人性一面。

黨的幹部，是黨員中掌握了權力的一個群體。他們雖然在個別的地點、個別的時間和個別的事件上，能夠表現出個人的善惡或做出個體的決定，但是他們在總體上只能遵照黨的意志辦事，所謂「全黨服從中央」。他們承上啟下，是共產黨的中堅力量，但是他們起的作用只是黨的工具。這些人在歷次運動中，也是又被利用、又被打擊。這背後的標準則是看你是否跟對了教主，是不是忠心無二。

（二）為什麼人民不覺悟？

中國共產黨統治中國五十多年，作惡多端，邪惡無比，但是為什麼全民對它的邪教本質卻缺乏認識呢？難道中國人笨嗎？不是。中國人是世界上最為智慧的民族之一，而且有著五千年的悠久文化傳統。但中國人卻至今還生活在共產黨的統治之下而不敢言其不滿，關鍵的原因在於共產黨邪靈禁錮了人民的思想。

請設想，如果中國人民享有言論自由，如果共產黨的孰是孰非可以公開討論，我們不難想像，智慧的中國人會早已識破了共產黨的罪惡本質，也早已擺脫了共產黨邪教。但是不幸的是，中共統治下的半個多世紀，中國人民喪失了言論和思想的自由。一九五七年在知識分子中抓右派，為的就是從此箝制言論、禁錮思想。在這樣一個無自由的社會裏，就連文革時期那些曾虔心鑽研馬列原著的青年人，也多數被以「反黨集團」的罪名鎮壓，更不要說討論共產黨的是非了。

共產黨是邪教，相信很多中國人連想都不曾敢想過。但一旦立論，相信在中國生活過的人都不難從自身的經歷和親朋的遭遇中找出充足的論據。

人民除了被禁錮思想自由，還要被灌滿共產黨的說教和黨文化。於是人們只能聽到對黨的歌功頌德，頭腦中除了共產黨的東西之外就貧困得可憐。舉個例子，「六四」鎮壓時，天安門廣場附近一開槍，許多人一下子本能地躲到灌木叢後去了。等人們緩過一點神，馬上從各自躲藏的地方，不約而同地高唱著「國際歌」，勇敢地走出來。那些中國人誠然勇敢、純真、可敬，但是為什麼面對共產黨的屠殺，他們還要高唱共產黨的「國際歌」呢？原因也很簡單：黨文化的教育下，可憐的人們被共產黨搞得

只知道共產主義。除了「國際歌」和其他為共產黨歌功頌德的歌曲，就再也沒歌可唱了。

（三）出路在哪裏？

中共已經走向徹底的墮落，可悲的是，這個邪教滅亡之前，還在力圖將其命運與中華民族綁在一起。

行將就木的中共，它的力量明顯在衰退，對人民思想的禁制也開始越來越不靈了。現代電信和互聯網的發展，使得中共很難繼續壟斷信息、封鎖言論。貪官污吏對人民的掠奪和壓迫日趨嚴重，對中共心存幻想的大眾逐步覺悟，不少人走上民間維權抗爭之路。中共對法輪功的迫害不僅沒有達到中共鞏固思想禁制的目的，相反卻大洩了中共的元氣，暴露了中共的殘暴。在這樣一個大環境下，反思共產黨成為可能，成為中華民族解除思想禁制，徹底擺脫共產黨邪靈控制的一個契機。

在中共邪教統治下生活了五十多年的中國人，需要的不是暴力革命，而是靈魂的救贖。這需要中國人自救才能達到。而自救的第一步就是認識共產黨的邪教本質。

總有一天，人民會把附著在國家行政體系之上的共產黨組織剝落，讓靠社會中堅力量維繫的社會體系獨立運作。這一天已經不遠了。減少一個盤剝吸血和整人害人的黨組織，只會改善和提高政府機關的工作水平。其實把共產黨從政府中剔除的道理，早在八十年代就被搞「黨政分家」的黨內改革人士所認識並實踐過。但是如果不能在意識形態上否定「黨的絕對領導」，這種邪教體系內的改良努力，事實上證明是不夠的，也是難於進行的。

黨文化是共產黨邪教組織所需要的存在環境。在思想上清除黨文化和共產邪教的烙印，也即清除思想上的黨附體，可能要比清除行政機構中的黨附體困難得多，但卻是真正清除共產黨邪教的根本方法。這只能靠中國人自救才能行。思想上正本清源，人性上返本歸真，才能實現社會道德重建，從而順利完成向一個沒有共產黨的良性社會的過渡。解除附體的妙方，就是認識到邪靈的本質和危害，從思想上與之決裂、清除，讓附體再無立腳之地。共產黨最重視對「意識形態」的控制，因為共產黨就是一種意識形態罷了。當中國人民全都在心靈上否定共產黨的歪理邪說，主動清理黨文化，清理共產邪教對自己觀念上和生活上方方面面的影響時，共產黨的意識形態就面臨崩潰。共產黨就會在人民的自救中解體。

凡是共產黨統治的國家，多與貧困、集權、迫害聯繫在一起。這樣的國家已經所剩不多了，中國、北韓、越南、古巴，屈指可數，末日可期。

以中國人的智慧，照歷史上中華民族的輝煌，擺脫了共產黨邪靈附體的中國，將是一個大有希望的社會。

結 語

共產黨已經不再信仰共產主義，其靈魂已死，但是陰魂未散。中共承襲了共產黨的皮囊，其中依然充滿了狂妄自大、極端自私和為所欲為的邪教本性。在中共這個邪教中，共產黨否定天理、扼殺人性的本質一脈相傳，並沒有改變。

今天中共用來統治中國的，正是共產黨多年積累的鬥爭手段、嚴密的組織制度和「黨附體」的統治形式，以及國教化了的邪教宣傳。前文總結的共產黨的六大邪教特徵，今天的中共條條俱全，諸善不做，諸惡奉行。

這個越來越走近滅亡末路的共產黨邪教，正在加速地腐敗墮落，最可怕的一點，是這個不甘滅亡的邪教，還在盡其所能把中國社會也帶向腐敗墮落的深淵。

中國人需要自救，需要反思，需要擺脫共產黨。

九評 之九

評中國共產黨的流氓本性

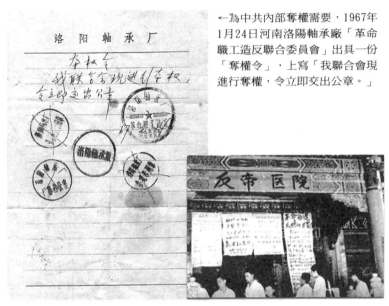

←為中共內部奪權需要，1967年1月24日河南洛陽軸承廠「革命職工造反聯合委員會」出具一份「奪權令」，上寫「我聯合會現進行奪權，令立即交出公章。」

↑著名的北京協和醫院由於其西方創建背景，在文革期間被改名為「反帝醫院」。

↑1989年「六四」鎮壓後，北京民眾驚恐下蹲躲避街頭荷槍實彈的中共軍隊。

前 言

喧囂一百多年的共產主義運動，帶給人類的只有戰爭、貧窮、血腥和專制，隨著蘇聯和東歐共產黨的崩潰，這場為害人間的荒誕劇在上個世紀末終於走入了尾聲，從老百姓到黨的總書記都再也沒有什麼人相信共產主義的邪說歪理了。

既不是「君權神授」，也不是「民主選舉」的共產黨政權，在其賴以生存的信仰徹底破滅的今天，其執政的合法性受到了前所未有的挑戰。

中國共產黨不願順應歷史的潮流自動退出歷史舞台，而是施展在幾十年的政治運動中積累的集邪惡之大全的各種流氓手段，開始了又一輪尋找合法性、圖謀起死回生的狂亂掙扎。

改革也罷，開放也罷，中共的目的只是為了死死維持其集團利益和獨裁政權。中國最近二十年的經濟發展，中國人民在仍然受到嚴密束縛下取得的辛勞果實，不但沒能使中共放下屠刀，反而被中共竊為執政合法性的資本，讓其一貫的流氓行徑更具欺騙性和迷惑性。最可怕的是，中共正在傾其全力，摧毀著整個民族的道德根基，企圖把中國人都變成大大小小的、程度不同的流氓來給中共提供「與時俱進」的生存環境。

為了民族的長治久安，為了讓中國早日步入沒有共產黨的時代而重塑民族的輝煌，在歷史的今天，認清共產黨為什麼要耍流氓及其流氓本性，也就變得尤為重要。

一、共產黨的流氓本質從來沒有改變

（一）共產黨的改革是為了誰？

歷史上，每次中共遇到危機時，都會表現出一些改善的跡象，誘發人們對中共的幻想。無一例外的是，這些泡影一次一次都破滅了。今天，在中共急功近利的櫥窗式經濟繁榮假象之下，人們對共產黨又產生了幻想。但是，共產黨自身的利益同國家民族利益的根本衝突決定了這種繁榮不可能持久，其許願的「改革」只是出於維護中共的統治，只能是換湯不換藥的跛足改革。畸形發展的背後潛伏著更大的社會危機，危機一旦暴發，國家和民族又將受到巨大衝擊。

隨著中共領導人的世代交替，他們不再有打天下的資歷，也越來越沒有坐天下的威信。但是共產黨做為一個整體，在合法性的危機中，維護它的集團利益卻越來越成為維護個人利益的根本保障。這種以私為本而又無所約束的政黨，人們幻想它能在不折騰中發展不過是一廂情願的事情。

我們看看中共的《人民日報》是怎麼說的：

「歷史的辯證法教會了中國共產黨人：應該變的，必須改變，不變則衰；不該變的，絕不能變，變則自我瓦解。」（二〇〇四年七月十二日頭版）

什麼是不該變的？「黨的『一個中心、兩個基本點』的基本路線要管一百年，動搖不得。」（二〇〇四年七月十二日頭版）

人們弄不懂它的中心和基本點到底是什麼，但是，誰都明

白共產邪靈維護其集團利益和獨裁專制的決心是死不悔改的。誠然，共產黨在世界範圍內潰敗了，那是共產主義行將就木的定數。但是，越要敗亡的東西，越具有垂死掙扎的毀滅性。同共產黨談改良民主，無疑與虎謀皮。

（二）「沒有共產黨，那中國怎麼辦？」

在共產黨走向衰敗的時候，人們意外地發現，邪靈附體的中共幾十年來靠著千變萬化的流氓手段已經把共產黨的邪惡因素注入到百姓生活的方方面面。

當年，多少人在毛澤東的遺像前痛哭流涕地重複著一句話：「沒有了毛主席，中國怎麼辦？」具有諷刺意味的是，二十幾年後的今天，在共產黨喪失了「執政合法性」之時，中共新的媒體宣傳又同樣使人們發出了「沒有共產黨，那中國怎麼辦？」的擔憂。

事實上，中共無孔不入的統治方式，讓我們的文化，我們的思維方式，甚至判斷中共的標準，都深深打上了中共的烙印，甚至就是中共的那一套。如果說過去是靠灌輸來控制人們的思想，現在就是中共收穫的時候了。因為那些灌輸的東西已經被消化，已經演變成人們自己的細胞，人們自己就會主動按照中共的邏輯去思考，去設身處地從中共的角度出發來論證事情的對錯了。「六四」開槍，有人說，「我要是鄧小平，我也用坦克鎮壓」；鎮壓法輪功，有人說，「我要是江澤民，我也要徹底剷除」；禁止言論自由，有人說，「我要是共產黨，也得這麼幹」。真理和良知沒有了，只剩下共產黨的邏輯了。這是中共流氓本性中最

陰險毒辣的手段之一。只要人們的頭腦中還殘留著中共的這些毒素，中共就會從中吸取能量而維持其流氓生命。

「沒有共產黨，那中國怎麼辦？」這種思維方式，正是中共夢寐以求的，讓人們用它的邏輯來思考問題。

中華民族在沒有中共的情況下早已走過漫漫五千年的文明歷史，世界上任何社會也並沒有因為一個王朝的覆滅而停止前進的步伐。可是經歷了數十年中共統治之後的人們對這些已經麻木了，中共長期的宣傳，把黨比做母親的教育，無所不在的中共政治，使得人們已經想不起來要是沒有了中共，我們該當如何生活了。

沒有了毛主席，中國並沒有倒下；沒有了共產黨，中國就垮了嗎？！

（三）誰是真正的動亂之源？

很多人對中共的流氓作為有相當瞭解和反感，厭惡共產主義那一套整人騙人的東西。但是，老百姓被中共的政治運動和挑起的動亂搞怕了，害怕中國亂。一旦中共用「動亂」的名義來威脅百姓，人們出於對中共強權的無奈，常常只好默認中共的統治。

事實上，擁有幾百萬軍隊和武警的中共，才是中國真正的「動亂」之源。老百姓沒有理由去「動亂」，更沒有資格去「動亂」。只有逆潮流而動的中共，才會草木皆兵，把國家拖入動亂。「穩定壓倒一切」，「把一切不穩定因素消滅在萌芽狀態」，成為中共鎮壓人民的理論基礎。誰是中國最大的不穩定因素？就是搞專職暴政的中國共產黨。搞動亂的中共，反用「動

亂」來要脅人民，流氓從來就是這樣做的。

二、經濟發展成為中共的祭品

（一）盜用人民辛勤勞動創造的成就

中共自認的「合法性」就在於這二十幾年的經濟發展。事實上，經濟的發展正好是中國人民在中共的束縛中被稍稍鬆綁後一點一滴建設起來的，與中共毫無關係。但是，中共卻宣傳成是它的功勞，還要人民感恩戴德，好像沒有中共，就沒有這一切。大家知道，在許許多多其他沒有共產黨的國家，早就有了更好的一切。

奧運會奪了金牌，運動員要感謝黨，黨自己更是當仁不讓地把虛假的「體育大國」的冠冕做為歌頌黨的英明領導的資本；中國被薩斯病折騰得夠嗆，最後卻說「靠的是黨的基本理論、基本路線、基本綱領、基本經驗」才戰勝了病毒（《人民日報》語）；「神五」上天，本是航天科技人員的貢獻，卻被中共當做只有它才能領導中國人民擠入世界強國的證據；就連那個二〇〇八年的奧運主辦權，本是西方伸出的鼓勵中共人權改善的橄欖枝，卻被中共當做為其「合法性」貼金、大肆鎮壓民眾的藉口；外國人看好的「巨大市場潛力」，原本來自十三億中國人民的消費能力，卻被中共據為己有，做為要脅西方配合中共統治的銳利武器。

但凡壞事都是反動勢力和別有用心的人幹的，好事則都是

213

在黨的領導下才幹成的。任何一件成就，中共都拿來為其統治的「合法性」塗脂抹粉。就連有些壞事，中共也可以讓其壞事變好事來為它服務。例如，在被中共嚴密封鎖的愛滋病氾濫真相再也包不住的情況下，中共搖身一變，精心布置，動用從知名演員到黨總書記的宣傳攻勢馬上把罪魁禍首的中共裝扮成了患者的福音，愛滋病的剋星，人類疾病的挑戰者。多麼人命關天的大事，中共想到的只是利用來粉飾它自己。這種明搶暗奪、草菅人命的行為，也只有中共這樣的流氓才能做得出來。

（二）短期行為導致「後發劣勢」

面臨著嚴重「合法性危機」的中共，為了維護統治而推行的改革開放，急功近利，使中國落入了「後發劣勢」。

「後發劣勢」或「後發優勢」的概念是說，落後國家由於發展比較遲，很多東西可以模仿發達國家。模仿有兩種形式，一種是模仿制度，另一種是模仿技術和工業化的模式。模仿制度比較困難，因為改革制度就會觸犯一些既得利益，所以落後國家會傾向於技術模仿。技術模仿雖然在短時間內就可以看到發展的效果，卻會給長期的發展留下許多隱患，甚至導致長期發展失敗。

中共正是走的這條「後發劣勢」的失敗之路，這二十幾年的「技術模仿」取得了一些成就，中共把這些成就做為向老百姓證明它的執政「合法性」的資本，從而進一步牴觸危及中共自身利益的政治體制改革，寧願犧牲民族的長期發展利益。

（三）中共的經濟發展付出了慘痛的代價

　　中共一直在誇耀它的經濟進步，實際上中國經濟在世界的地位還不如乾隆年代。清朝乾隆時期，中國國民生產總值（GDP）占全世界的51％；孫中山先生創建民國初年，中國GDP產值占全世界的27％；民國11年時，GDP仍然達到12％；中共建政時，中國的GDP占全世界的5.7％；而到2003年中國的GDP占全世界還不到4％。與國民政府時期遭遇的幾十年戰爭引發經濟下降不同，中共則基本是在和平時期引發的經濟下降。

　　中共如今為了執政合法性而搞起了急功近利、以維護黨的集團利益至上的跛足經濟改革，卻讓國家付出了慘痛的代價。二十多年的經濟高速增長在很大程度上是建立在資源搾取性的過度消耗甚至浪費的基礎之上，並往往以犧牲環境為代價的。中國的GDP數字裏有相當一部分是靠犧牲後代的機會獲得的。二○○三年中國貢獻世界經濟總量不到4％，對鋼材、水泥等材料的消耗卻占到全球總量的三分之一（新華社二○○四年三月四日報導）。

　　從上世紀八十年代到九十年代末，中國每年沙化土地面積從1,000多平方公里增加到2,460平方公里。一九八○年中國人均耕地近2畝，二○○三減少到1.43畝，在轟轟烈烈的「圈地」熱潮中最近幾年全國耕地就減少了一億畝，而圈起來的土地利用率僅占43％。中國目前的廢水排放總量為439.5億噸，超過環境容量的82％。七大江河水系中不適合人類和牲畜飲用的水占40.9％，而75％的湖泊出現不同程度的富營養化……中國人與自然的矛盾從未像今天這樣突出。這樣的增長，中國甚至整個世界都承受不起（新華社二○○四年二月二十九日報導）。沉醉於眼前的高樓

大廈的人們，對於越走越近的生態危機也許還茫然無知，可是一旦大自然要報復人類的時候，那對中華民族的打擊將會是災難性的。

對比拋棄了共產主義以後的俄羅斯，經濟改革與政治改革同時進行，在經歷了短暫的痛苦之後，開始走上了快速發展的道路。一九九九年至二○○三年，俄羅斯GDP累計增長29.9％，居民生活水平顯著提高。西方商界不僅開始議論「俄羅斯經濟現象」，而且開始大舉進入俄國這一新興投資熱土。俄羅斯在世界最具投資吸引力國家的排名由二○○二年的第十七位提升到二○○三年的第八位，首次進入世界最受歡迎的十大投資地之列。

就連在大多數中國人的印象中貧窮落後種族衝突不斷的印度，從一九九一年經濟改革以來，發展明顯加快，經濟每年增長率提高到了７％到８％。印度有比較完備的市場經濟法律體系，健康的金融系統，比較成熟的民主制度，沉穩的國民心態，國際社會普遍認為是一個具有巨大發展潛力的國家。

相反，中共只搞經濟改革，不搞政治改革，在短期的經濟繁榮假象之下，阻礙「制度進化」的自然選擇性。這種不徹底的半調子改革，讓中國社會愈加畸形化，社會矛盾愈加尖銳，人民今天取得的發展沒有任何制度性的保障。中共特權階層更是在國有資產私有化的過程中，借用權勢，中飽私囊。

（四）中共對農民的一次次欺詐

中共的天下是靠農民打下來的，老區的百姓更是為中共奉獻了一切。但是，中共奪權後，農民卻受到了嚴重的歧視。

中共建政後制定了極不公正的制度：戶籍制。強行劃分「農業人口與非農業人口」，一個國家無端製造出兩級分裂和對立。農民沒有醫療保險，沒有失業救濟，沒有退休，不能貸款。農民是中國最貧苦階級，卻也是賦稅最沉重的階級。農民要交公積金、公益金、行管金、教育費附加、計劃生育費、民兵建設訓練費、鄉村道路建設費和優撫費。此外還要交公糧、農業稅、土地稅、特產稅、屠宰稅等等。而各種攤派更是名目繁多。而所有這些稅費，「非農業人口」都不用承付。

在二〇〇四年年初溫家寶發布了「一號文件」，揭示出中國農民、農業、農村面臨改革開放以來的最嚴峻時期，多數農民收入出現徘徊甚至減收，越來越窮，城鄉居民收入差距持續擴大。

在四川東部的一個林場，上級撥款五十萬用於植樹造林。林場領導先吞下二十萬給自己，其餘的三十萬承包下去，一層一層剋扣，最後所剩無幾的錢分給了真正去造林的當地農民。政府不用擔心農民嫌錢少不去植樹，因為太窮了，再廉價，農民也一定會去幹。「中國製造」的東西之所以如此便宜，也是同樣的道理。

（五）用經濟利益要脅西方國家

很多人都認為貿易往來能夠促進中國人權、言論自由、民主改革。經過十幾年下來，證明這完全是一廂情願的事。最典型的就是做生意的原則，西方的公平透明在中國變成了人際關係、行賄受賄、貪污腐敗。許多西方大公司成為在中國為腐敗推波助瀾的急先鋒，更有的成為中共踐踏人權、鎮壓人民的掩護體。

打經濟牌是中共流氓手法在外交上的體現。中國的飛機訂單是給法國還是美國？這完全要看誰在人權言論等方面有沒有對中共說三道四。中國的經濟利益把為數不少的西方商人和政客緊緊地套住了。北美的一些網絡公司為中共封鎖互聯網提供專門產品；一些門戶網站為了登陸中國，自動要求「自律」，過濾中共不喜歡的信息。

據中國商務部統計，截止二〇〇四年四月底，全國累計合同利用外資金額為9,901.3億美元。外資為中共經濟大輸血的作用，可見一斑。而在這輸血的過程中，外資並沒有把民主、自由、人權的理念做為基本的原則帶給中國人民。外商和外國政府的「無條件」配合和有些國家獻媚的討好反而成為中共用做宣傳的統治資本。在經濟的表面繁榮的幌子下，官商勾結，瓜分國家財產，阻礙政治改革達到登峰造極的地步。

三、中共的洗腦術從「赤裸裸」走向「精緻化」

常常聽到人們說這樣的話，「我知道中共過去謊話連篇，但這一次他說的是真的。」具有諷刺意味的是，如果把時光倒流，在很多次中共歷史上犯錯誤的重大時刻，人們說的都是這樣的話。這就是中共幾十年來練就的欺騙人民的謊言本領。

由於人們對「放衛星」式的謊言有了些抵抗力，於是中共的謊言宣傳也走向了「精緻化」、「專業化」的道路。謊言從過去的口號式宣傳變得更加「循序漸進」、「細緻入微」，特別是在信息封鎖下，用基於某些片面「事實」的謊言來誤導民眾，其危

害比「放衛星」更具迷惑性。

英文雜誌《中國聚焦》（China Scope）二〇〇四年十月登載了一篇中共今天如何用更「精緻」的手法製造謊言、掩蓋真相的案例分析。在二〇〇三年大陸薩斯病期間，外界普遍質疑中共隱瞞疫情，但中共一再否認。為了瞭解中共對於薩斯病的報導是不是客觀，作者閱讀了新華網從年初到四月初的所有四百多篇關於薩斯病的報導。從這些報導中，作者瞭解到薩斯病一出現，從中央到地方的專家及時會診，給予治療，病人已經康復出院；壞人掀起偏方搶購風，政府及時闢謠，杜絕流言，保障了人民生活秩序的穩定；外國極少數反華勢力沒有根據地懷疑中國政府隱瞞，但絕大多數國家和人民是不相信他們的，廣州國際交流會將是歷史上參展廠家最多的一次；外國遊客作證說在中國旅遊是安全的；特別是（被蒙蔽的）世界衛生組織專家也出面說中共配合得好，措施得當，沒有問題；（被耽誤二十多天的）專家還被批准去廣東公開考察。讀完這四百多篇報導，作者覺得中共在這四個月的時間裏一切都很透明，對人民健康絕對負責，怎麼可能隱瞞什麼消息呢？直到四月二十日，國務院新聞辦舉行記者招待會，宣布中國薩斯病全面爆發，變相承認一直隱瞞疫情，作者才明白真相，切切實實見證了中共「與時俱進」的流氓欺騙手段。

在台灣大選上，中共也是用這種「循序漸進」、「諄諄誘導」的方式暗示人民，選舉總統將會導致：自殺率上升、股市崩盤、「怪病」增多、精神失常、島民外移、家人反目、生活消極、市場冷清、當街亂射、紛爭抗議、包圍總統府、天下大亂、政治鬧劇⋯⋯一天一天地給大陸民眾灌輸這些亂象消息，讓人民

用自己的思維自覺地得出：「這一切都是選舉惹的禍」，「我們千萬別搞民主選舉」。

在法輪功問題上，中共的抹黑手法更是創出水平。一切都演得那麼逼真，一個接著一個地出台，不由得許多老百姓不信。中共騙人的流氓手法，做到了讓被騙者心甘情願主動相信中共的謊話，被騙者還以為自己真理在握。

在這幾十年間，中共洗腦宣傳的騙人功夫變得更加「精緻」、「微觀」，是其流氓欺騙本質的自然延伸。

四、中共的人權偽裝

（一）從為奪權爭民主，到獨裁統治和人權偽裝

「一個民主國家，主權應該在人民手中，這是天經地義的事；如果一個號稱民主的國家，而主權不在人民手中，這絕不是正軌，只能算是變態，就不是民主國家……不結束黨治，不實行人民普選，如何能實現民主？把人民的權利交給人民！」

您也許認為這是境外敵對勢力討伐中共的檄文，您錯了——以上宣言出自一九四五年九月二十七日的中國共產黨機關報《新華日報》。

高唱「普選」，要求「把人民的權利交給人民」的中共，在竊取政權之後，連「普選」的話題都成為了禁忌，號稱「當家做主」的人民卻毫無做主的權利。如此行徑，連「流氓」二字，都不足以形容中共的面目。

　　如果您認為畢竟事過境遷，靠殺人起家、謊言治國的中共邪教現在要改良從善，願意「把人民的權利交給人民」，那您又錯了。我們來聽聽在六十年過去後的今天，中共的機關報《人民日報》是如何說的：

　　「牢牢掌握意識形態工作的主導權，是鞏固黨執政的思想基礎和政治基礎的根本需要。」（二〇〇四年十一月二十三日第九版）

　　在中共最近拋出的所謂新「三不主義」，居首的是「在不爭論中發展」。「發展」是假，強調「一言堂」的「不爭論」才是中共的真實目的。

　　江澤民曾接受CBS著名記者華萊士採訪，對「中國為何依然沒有實現普選」的問題，他當時做出如下解釋：「中國人素質太差」。

　　可是早在一九三九年二月二十五日的《新華日報》上，共產黨就呼籲，「他們（國民黨）以為中國實現民主政治，不是今天的事，而是若干年以後的事，他們希望中國人民知識與教育程度提高到歐美資產階級民主國家那樣，再來實現民主政治……然而正是在民主制度之下才更容易教育和訓練民眾。」

　　這就是中共流氓面目的生動寫照。

　　「六四」後的中共，是背負著沉重的人權包袱重返世界舞台的。歷史給了中共選擇的機會：第一條路是學會尊重人民，真正改善人權；第二條路是對內繼續侵犯人權，對外進行人權偽裝，逃避譴責。

　　非常不幸的是，流氓本性注定中共毫不猶豫地選擇了第二

條路：豢養出一大批包括科學界、宗教界在內的專門向外欺騙宣傳、鼓吹中共人權進步的偽裝人才；拼湊出了一大套強詞奪理的什麼「溫飽權」之類的人權謬論（當人肚子餓了就不能有說話的權利了？就算不准肚子餓的人說話，那肚子飽的人也不能替挨餓的人說話？）；以及無止境地玩弄人權遊戲來蒙蔽中國人民和西方民主國家，竟然可以自吹「目前是中國人權的最好時期」。

中共《憲法》第三十五條規定：中華人民共和國公民有言論、出版、集會、結社、遊行、示威自由。這純屬中共玩弄的文字遊戲。在中共的統治下，多少人被剝奪了信仰、言論、出版、集會、辯護的權利，甚至還規定某些團體的上訪都算違法；二〇〇四年以來，一些上訪團體多次要求在北京組織遊行，政府不僅不同意，還把申請的人抓起來。；就連被中共《憲法》確定的香港「一國兩制」都是騙局。什麼五十年不變，五年便要試圖通過基本法二十三條惡法將兩制變為一制。

利用「言論寬鬆」假象來掩蓋監視控制的實質是中共新的流氓策略。中國人現在說話比過去看起來寬鬆多了，互聯網的出現，也使得消息傳播起來更快。所以，中共就宣傳說言論自由了，而且很多民眾也這麼認為。這是個假象。不是中共變得仁慈了，而是社會的發展、技術的進步，中共擋不住了。從中共在互聯網上扮演的角色看，它是在封網、過濾、監視、控制、治罪，完完全全是逆潮流而行。到今天，在一些違背人權良知的資本家的幫助下，中共的警察已經實現了在警車行進中就可以監測所有上網人士一舉一動的技術裝備。看看中共在世界民主自由的大潮流下的所作所為，當著人的面公開幹壞事，它的人權怎麼可能進

步了呢？連它自己也說是「外鬆內緊」，流氓本質根本就沒有任何改變。

為了在聯合國人權會議上爭取臉面，二〇〇四年中共搞了一系列嚴懲人權侵犯的活動。可是，這都是做給外國人看的，完全沒有實質性的內容。因為在中國，最大的迫害人權之徒就是共產黨自己以及它的前總書記江澤民、原政法委書記羅幹、公安部長周永康和副部長劉京。靠這些人來打擊人權犯罪活動，無疑賊喊捉賊。

這就如同一個強姦慣犯，過去在背地裏一天凌辱十個少女。後來，來往的人多了，罪犯只能當著行人的面一天凌辱一個少女。能說這個罪犯是在變好？從過去背著人到現在當著人面強姦少女，只能說明這個罪犯幹的勾當比原來還要下流無恥。而這個強姦慣犯的本性一點沒變，只是做起來不如以前方便罷了。

中共就如同那個流氓強姦犯。中共的獨裁本質，害怕失去權力的本能，注定了它不會尊重人民的權利。它在偽裝人權上所花的人力物力財力，遠遠超過其真正用於改善人權的努力。共產流氓肆虐中華，這是中國人民的大不幸。

（二）利用「法律」手段，「穿著西服」耍流氓

中共為維護特權集團的私利，一方面撕下偽裝，徹底拋棄工農民眾，另一方面隨著越來越多的中共人權醜聞曝光到國際社會，欺騙和流氓手段也「與時俱進」，用「法治」、「市場」、「為民」、「改革」等等時髦的詞彙給人灌迷魂湯。穿著西服的中共邪惡流氓本性沒有改變，比以前穿中山裝的中共更具有迷惑

性和欺騙性而已。就像《動物農場》中描述的豬學會了站起了用兩條腿走路一樣,站著走的豬給了豬新的形象,而豬的「豬性」沒有改。

1、制定違反《憲法》的各種法律法規和條例

這些東西被做為所謂的「法律依據」下達給各級執法人員,來嚴厲打擊人民群眾「反迫害、爭自由、維護人權」的各種努力。

2、「非政治化」的問題,用「政治化」的手段來解決

把普通的社會問題,上升到「同黨爭奪群眾」、「亡黨亡國」、「動亂」、「敵對勢力」等高度,將「非政治化」的問題蓄意「政治化」,然後用搞政治運動的宣傳方式,來煽動人們的仇恨情緒。

3、「政治化」的問題,用「非政治化」的手段來解決

對於一些民運人士或自由知識分子,中共最新的打擊手法就是設計圈套,製造「嫖娼」、「偷稅」等「民事刑事罪」,來把他們投入監獄。既掩人耳目,又逃避了外界譴責,更能利用這些敗壞名譽的罪名把當事者在大眾面前羞辱一番。

如果要說中共的流氓本性有變化的話,就是變得更可恥,更沒有人性。

(三)綁架十幾億人民的「人質流氓文化」

如果一個破門入室、見色起心的強盜在法庭上辯護說,他的「強姦行為」使他沒有機會殺死受害人,在「強姦」和「殺人」之間,不是殺人更壞嗎?所以,他應該被當庭無罪釋放,人們還

應該歌頌他「強姦有理」。

聽起來很荒唐，可是在這一點上，中共「六四」鎮壓的邏輯跟那個強盜是一樣的：它說「鎮壓學生」及時地避免了一場可能會引起的「內亂」。所以，比起「內亂」來，「鎮壓有理」。

強盜在法庭上反問法官「是強姦好，還是殺人好？」，這說明了什麼呢？這只能說明這個強姦犯的流氓無恥。同樣在「六四」問題上，中共和其同路人不是檢討殺人該不該認罪的問題，而是質問社會「是鎮壓好，還是打內戰好？」

中共控制了整個國家機器和宣傳工具，可以說十三億老百姓就是被中共劫持的人質。只要有這十三億人質在手，中共的「人質理論」總是可以說，如果它不鎮壓某些人，就有可能出現內亂，國家將陷入災難。在這樣的藉口下，中共隨時隨地想要鎮壓誰，都可以鎮壓誰了，而且永遠「鎮壓有理」。如此強姦民意，還有比這更無賴的大流氓嗎？

（四）從恩賜「自由」到變本加厲地鎮壓

人們普遍感到現在比過去「自由」多了，從而對中共的改良前景充滿希望。其實，人民被「賜予」的自由程度同中共本身的危機感有很大關係。只要有利於維護黨的集團利益，中共是什麼都可以做的，甚至所謂的民主、自由、人權，也可以賞賜一點點。

但是，在共產黨統治下、靠恩賜所得到的「自由」是沒有法律保障的。這個「自由」是中共在國際大潮流下用來痲痺控制人民的工具。從根本上看，它跟中共的專制利益有著不可調和的

衝突。一旦這個衝突激化到超越中共的容忍程度時，中共就會瞬間收回一切「自由」。中共歷史上出現過幾次言論相對自由的時期，後來又跌入嚴厲管制時期，反反覆覆，就是中共的這種流氓本性的表現。

在如今的網絡時代，如果大家去讀新華網或者人民網，你會發現那裏確實有相當份量的負面消息。一是現在壞消息太多，傳播也快，行業競爭，不報不行；二是這個報導的基點符合了黨的利益——「小罵大幫忙」——壞事的原因都歸到某個人身上，與黨無關，而「解決的途徑」一定要落腳到「非靠黨的領導不可」。中共對於什麼該報，什麼不該報，報到什麼程度，是大陸媒體報，還是讓海外收編的親共媒體報，如何把壞消息「昇華」為凝聚民心的好結果，可謂爐火純青。許多大陸年輕人覺得現在中共言論挺自由的，從而對中共恩愛有加、充滿希望，就是中共這種「精緻的」流氓媒體策略的犧牲品。更有甚者，中共把社會局面搞得越是一團糟，輔與適當報導的負面消息，反而能威脅人民只有依靠中共的強權才能控制大局，脅迫人們除了擁護中共外，別無他途。

所以，如果看到中共釋放出什麼改善人權的善意，大可不必認為中共就脫胎換骨了。中共在推翻國民黨的鬥爭中，本來就是以民主鬥士的面目出現的。中共的流氓本性決定了中共的一切承諾都靠不住。

五、中共流氓嘴臉面面觀

（一）賣國求榮，維護統一是假，出賣國土是真

「一定要解放台灣」、「統一台灣」是中共數十年的宣傳口號，藉此扮演著民族主義和愛國主義的衛道士。中共真的關心國家的領土完整嗎？非也！台灣不過是國共之爭造成的歷史遺留問題，被中共用來做為打擊對方，籠絡人心的籌碼。

早期的中共在國民政權之下成立「中華蘇維埃」，其「憲法」第十四條宣稱「中國境內的各少數民族、甚至各省都可以獨立建國」。為了呼應俄國，中共的口號也是「保衛蘇維埃」。在抗日戰爭中，中共的最大目的是利用時機發展壯大自己。蘇共紅軍一九四五年進軍東北時姦淫擄掠，以及蘇共扶植外蒙獨立時中共都沒有給予一字譴責。

一九九九年底，中共同俄國簽訂的〈中華人民共和國政府和俄羅斯聯邦政府關於中俄國界線東西兩段的敘述議定書〉，承認了清政府與俄國之間的一系列不平等條約，出賣了一百多萬平方公里的國土，相當於幾十個台灣。二〇〇四年，中俄簽訂〈中俄國界東段的補充協定〉後，據稱又已失去黑龍江省半個黑瞎子島的主權。

在其他邊界劃分、南沙群島、甚至釣魚島的主權問題上，由於對中共保持政權沒有什麼利益，所以中共根本不在乎。中共大炒「統一台灣」，不過是用來轉移內部矛盾，煽動民族主義大耍流氓的煙幕彈而已。

（二）沒有道德底線的政治流氓

政府總是需要被監督的。在民主國家，其分權的政治制度和言論、新聞自由，本身就是很好的監督機制，宗教信仰更是提供道德上的自我約束。

而共產黨宣傳的是無神論，沒有神性對它的道德約束；它實行的又是集權專制，沒有政治上的法律約束。所以，中共要起流氓來可以無法無天。那中共是如何向人民交代誰來監督它呢？「自我」！這是中共幾十年來欺騙人民的口頭禪。從早期的「自我批評」，到後來的「自我」監督，「自我」完善黨的領導，到最近的「自我」提高黨的執政能力，中共強調的都是共產黨具有所謂「自我改善」的強大功能。黨不僅口頭上說，還真有行動，成立了「中央紀律檢查委員會」、「信訪辦」等具有迷惑性的「花瓶」機構。

沒有道德和法律約束的「自我改善」，用傳統的話講，就是「自心生魔」。這不過是中共拒絕外界監督、拒絕開放黨禁報禁的藉口，是政治流氓為維護其集團利益和執政「合法性」所用來糊弄人民的幌子。

耍政治流氓手腕是中共的特長。「人民民主專政」、「民主集中制」、「政治協商」等等都是騙人的玩意，除了「專政」之外，沒有一樣是真的。

（三）耍陰謀詭計，從假抗日到假反恐

中共一向宣稱是它領導全國人民打敗了日本人。但是，大量史料爆出中共有意不參與當時的抗日戰爭，並趁國民黨抗戰，積蓄力量，拖抗日戰爭的後腿。

中共唯一參與的大型會戰只有「平型關戰役」和「百團大戰」。就「平型關戰役」而言，中共根本不是「指揮和參加這一場戰鬥的領導和主力」，不過是伏擊了敵人的補給部隊而已。「百團大戰」在中共內部卻被認為是違背了黨中央的戰略方針。此後，毛澤東和他的中共，非但再沒有打過一場像樣的戰鬥，並且沒有產生一個如董存瑞、黃繼光那樣的抗日英雄，只有少數高級軍官戰死在抗日的疆場上，甚至至今連起碼的傷亡數字也無法公布，在中國大陸廣闊的土地上也難得一見中共的抗日烈士紀念碑。

當時的中共在抗日大後方建立所謂的「陝甘寧邊區政府」，用現在的話來說就是搞「一國兩制」、搞國中之國的「兩個中國」。雖然在指戰員個人中不乏抗日熱情，但中共高層卻沒有抗日的誠意，而是有目的有步驟地保存實力，利用這場戰爭發展壯大自己。在中日建交時，毛澤東向當時的日本首相田中角榮吐露了心聲－－中共要感謝日本，如果不是那場抗戰，中共就不可能奪得天下。

這就是中共自稱「領導全國人民堅持八年抗戰直至最後勝利」的騙局的真相。

半個多世紀之後，美國發生了911恐怖襲擊事件，反恐成為世界的潮流。中共又一次耍起假抗日的流氓詭計。中共利用反恐做藉口，把很多宗教信仰、異議人士、地域、民族糾紛等團體歸為恐怖主義，從而在國際大氣候的掩蓋下，大肆暴力鎮壓。

二〇〇四年九月二十七日新華社轉述《新京報》消息，指北京有可能成立全國各省市中第一個反恐局。海外某些親共媒體更

是以「「六一〇辦公室」加入反恐」為標題渲染報導（六一〇是專門迫害法輪功的機構），聲稱反恐局將重點打擊包括法輪功在內的恐怖組織等。

中共把手無寸鐵、打不還手、罵不還口的和平上訪的群眾定義為恐怖分子，乘機動用武裝到牙齒的「特種反恐部隊」去快速鎮壓這些中國的弱勢群體和善良民眾，並且以「反恐」的名義逃避外界的譴責和注意，同當年假抗日真擴張的流氓手法如出一轍，給國際社會的「反恐」行動蒙上了巨大的恥辱。

（四）陽奉陰違，認認真真走過場

「自己都不信，還要強迫他人信」是中共這個邪教最流氓的手法之一。它知道邪教的教義是假的，社會主義是假的，已經破產，它自己都不信，但是還要人民信，不信還不行，不信就要鎮壓。最荒謬無恥的是，黨還把它的這種欺騙理論寫進了《憲法》，做為立國大綱。

在實際生活中，一個有趣的現象就是，在中國官場的政治鬥爭中因腐敗落馬的高官們，白天在大會上還在大講特講「廉潔奉公」，晚上就去「貪污受賄，聲色犬馬」。原雲南省長李嘉廷、貴州省委書記劉方仁、河北省委書記程維高、國土資源部部長田鳳山、安徽省副省長王懷忠等等這些「人民公僕」們各個如此。如果大家去查一查他們的講話，無一不是在貪污受賄的同時，還反覆在各種各樣的報告中要求大家「廉潔從政，加大反腐敗力度」。

中共樹立過很多典型，也常常吸收一些有理想、有作為的

人入黨來裝潢黨的門面。但是，今天中國的道德水平敗壞到何種地步，人們有目共睹。為什麼中共的「精神文明」宣傳不起作用呢？

其實，共產黨領袖們教導大眾常說什麼「共產主義道德品質」、「為人民服務」，差不多都是鬼話。馬克思婚外生子、列寧嫖妓染梅毒、斯大林霸占歌星被控訴、毛澤東縱情聲色、江澤民淫亂、羅馬尼亞黨魁齊奧賽斯庫全家雞犬升天、古巴黨酋卡斯特羅外域銀行存款數億、北朝鮮吃人魔王金日成子孫日費萬金……共產黨領袖們的言行不一、表裏相反，從祖師爺馬克思就已開始。

在中國老百姓的日常生活中，人們討厭空洞虛偽的政治學習，對「講政治」這種東西越來越敷衍了事，因為大家都知道是在騙人。無論台上的、台下的都心照不宣，但就是沒人去捅破。這種現象被人們稱為「認認真真走過場」。前一陣子的「三個代表」，後來的「提高執政能力」以及近一陣子的「暖人心穩人心得人心」的什麼「三顆心」，都是說了等於白說的廢話。哪個執政黨不應該代表人民的利益？哪個執政黨不講究執政能力？哪個執政黨不是為了得人心？不然早被轟下台去了。可中共把這些廢話當做什麼深不可測的精妙理論，要全國人民轟轟烈烈地學起來。

當「走過場」潛移默化為十幾億人民的習慣，成為一種「黨文化」現象時，就導致了整個社會的「假大空」現象和誠信危機。中共為什麼要這麼做呢？過去是為了「主義」，現在是為了「利益」。明知是「走過場」也要走，如果不搞這些，就沒有流

231

氓惡霸的感覺了，還如何讓老百姓擁戴、懼怕自己？

（五）泯滅良知，讓個人的正義感臣服於黨的利益

劉少奇在《論共產黨員的修養》一書中，專門講述了「黨員個人利益無條件地服從黨的利益」。歷史上的中共黨員中，從來都不缺乏憂國憂民的正義之士和願意為百姓做實事的清官。可是，在中共這部利益機器中，這些官員是不會有出路的。他們總會在「人性服從黨性」的壓力下，或難以為繼，或被淘汰出局，甚至不得不同流合污。

老百姓從骨子裏頭見識了中共的血腥，畏懼了中共的流氓「強權」。所以，人們不再敢維護正義，不再相信公理，先是委屈地臣服於「強權」，進而麻木不仁，事不關己、高高掛起。思考的邏輯也是自覺地順從於「強權」。這就是中共的黑社會流氓本性。

（六）「愛國主義」，全國緊急總動員的邪教號令

中共的「愛國主義」、「民族主義」口號是誘惑人們的糖衣。「愛國主義」、「民族主義」不僅是共產黨的大旗，也是它屢試不爽的號令。幾十年不敢回國定居的老華僑，看上幾年的《人民日報》海外版有關民族主義的宣傳，就比在國內的人還愛國。不敢也不能對共產黨任何政策說「不」的中國人，在黨的組織下，打著「愛國主義」的旗幟，就敢到美國駐中國大使館、領事館門口去扔雞蛋、扔石頭，燒汽車，燒美國國旗。

共產黨認準了這一點，凡是需要全中國人服從的大事件，

都是以「愛國主義」、「民族主義」的方式緊急動員民眾。對台灣、對香港、對法輪功、對中美撞機事件，無不以高壓恐懼和集體洗腦並用的方法，把全國人民帶入一種戰爭式的狀態。這和當年的德國納粹非常相似。

由於信息封鎖，黨的洗腦就格外成功。中國人即使不喜歡中共，也都難免用它的思維考慮事情。在伊拉克戰爭期間，不少人在看中央電視台每天的主觀電視節目分析時，摩拳擦掌，帶著痛恨、復仇、渴望戰爭的心理，詛咒另一場戰爭。

（七）寡廉鮮恥，黨國錯位，強迫人民認賊作父

中共常用來警告人民的一句話就是「亡黨亡國」，「黨」在「國」的前面；立國方針是「沒有共產黨就沒有新中國」；人民從小受的教育是「聽黨的話」、「做黨的好孩子」；唱的歌是「我把黨來比母親」、「黨啊，親愛的媽媽」、「黨的恩情比海深」、「爹親娘親不如共產黨親」；行動的指南是「黨指向哪裏，就打到哪裏」；政府救災，人民說的是「感謝黨和政府」，先謝「黨」，後謝「政府」；軍隊的口號是「黨指揮槍」；連大陸專家嘗試設計的為法官穿的法袍領口上的四顆金色紐釦，也是從上到下分別象徵著黨、人民、法律和國家。儘管你是法官，黨也是永遠在「法律」、「國家」和「人民」之上。

「黨」在中國成為了至高無上的稱呼，「國家」反而成為「黨」的附庸。「國家」為「黨」而存在，「黨」成為人民的化身，「國家」的象徵。愛黨、愛黨的領導人、愛國，被混為一談。這是中國愛國主義被扭曲的根本原因。

在長期教育宣傳的潛移默化影響下，很多黨員、非黨員都自覺不自覺地把黨和國家錯位，認可「黨的利益」高於一切。或者說，默認「黨的利益就是人民的利益、國家的利益」，從而給中共流氓集團製造了很大的出賣「國家利益」的空間。

（八）耍「平反」詭計，把罪行變成「偉績」

歷史上中共犯了很多大錯。但是，它總是通過「平反昭雪」把錯誤歸到某個人或某個團體身上，不但讓受害者感恩戴德，更把中共的罪惡推得一乾二淨。「不但善於犯錯誤，而且敢於糾正錯誤」成為中共一次次死裏逃生的仙丹妙藥，於是，中共永遠是「偉大光榮正確」的黨。

也許有一天，中共會給「六四」平反，會給「法輪功」平反。但是，這些都只是中共在走投無路時苟延殘喘的流氓手段而已，它不會有反思自己、清算自己罪行的勇氣。

六、流氓嘴臉大暴露：以國家恐怖主義剷除「真善忍」

中共邪教集團搞的「天安門自焚騙局」堪稱中共的世紀謊言。為了打擊法輪功，一個政府居然誘騙五人冒充法輪功學員到天安門廣場偽裝自焚。結果是有的被當場打死，有的被事後滅口。中央電視台錄像的慢鏡頭清楚無誤地顯示出自焚現場的劉春玲是被警察擊打死亡的。錄像中有關王進東打坐的姿勢、滅火後兩腿間夾著的塑料瓶，記者和劉思影的對話，攝影師如何到場等

等的許多破綻，都充分證明這場自焚事件是江澤民流氓集團為了誣陷法輪功而惡毒設計的一場騙局。

一個政黨，用這種無比卑鄙、殘忍的手法，傾改革開放二十幾年來積累的舉國之力，動用黨、政、軍、警、特務、外交，以及各種各樣的政府及民間組織，操控覆蓋全球的媒體系統，採用從人盯人到高科技的嚴密信息封鎖系統，來對付一個修身養性的和平團體，這是中共流氓本性最徹底的一次大暴露。

歷史上任何一個流氓無賴，都沒有像江澤民和中共的彌天大謊來得徹底，來得無所不在。它針對每一個人心中的各種各樣的觀念，用各種各樣的謊言，全方位地來迎合人的想法，再加以利用放大，讓人接受謊言，以製造對法輪功的仇恨。你相信科學嗎？它就說法輪功是迷信；你反感政治嗎？它就說法輪功參與政治；你妒忌別人發財出國嗎？它就說法輪功斂財；你不喜歡有組織嗎？它就說法輪功組織嚴密；你厭倦了幾十年的個人崇拜嗎？它就說法輪功搞精神控制；你愛國情緒高昂嗎？它就說法輪功反華；你不是害怕動亂嗎？它就說法輪功破壞穩定；你說法輪功講真善忍嗎？它就說法輪功不真不善不忍，從善心要生出殺心。

你相信政府不會再撒那麼多謊嗎？它就把謊越來越大地撒下去，從自殘自殺到自焚，從殺親人到殺他人，從殺一個人到殺一群人，多得讓你不得不信；你同情法輪功，那就把你的政績同處理法輪功掛鉤，有法輪功學員去北京上訪就免你官職、讓你下崗、扣你獎金，逼你與法輪功為敵；更是把無數法輪功學員綁架到洗腦班，用各種歪理邪說、用親情、就業、就學做為壓力，用連坐法去脅迫家人、同事，加上酷刑折磨，一定要讓你簽下不

235

煉的保證，讓你放棄正信。然後再讓已被洗腦轉化的人，去圍攻轉化別人。流氓中共就是要把人變成鬼，讓人在一條黑道上走到底。

七、「中國特色」的流氓社會主義

「中國特色」是中共的遮羞布。中共一向宣稱它在中國革命中的成功要歸功於「馬克思列寧主義同中國革命的具體實踐相結合」。濫用「特殊性」是中共的一貫手法，為其反覆無常的流氓政策做了理論鋪墊。

（一）反覆無常，瞞天過海

在這種流氓性的「中國特色」招牌下，中共成就的卻只有荒謬和可笑。

共產黨革命的目的是實現生產資料公有制，欺騙了許多年輕人為了共產大同的理想加入黨的隊伍，其中有不少人背叛了有資產的家庭。但八十三年之後，資產階級又回來了，只不過這次變成了當初打著「大同」旗幟的共產黨自己。如今，在中國共產黨領導人的子女、親屬中，不乏腰纏萬貫的新資本家。不少共產黨員們也爭先恐後地加入這個隊伍。共產黨以革命的名義消滅了地主和資本家，掠奪了他們的私有財產，現在黨的新貴們貪污腐敗，成了比過去資本家還更富的官僚資本暴發戶。對於那些跟隨黨打天下的人來說，真是「早知如此，何必當初」。流血奮鬥了幾十年，到頭來看，只不過是把自己父兄的財產和自己的一生奉

獻給了共產黨這個邪教。

共產黨講經濟基礎決定上層建築，現實中黨的貪官污吏的官僚經濟基礎決定著上層高壓建築，所以鎮壓人民成為黨的基本路線政策。

中共又一個流氓特性就是可以給人類文化中的任何概念更換內涵，然後用這些變異概念去批判和專政所有的人。比如黨，其實人類社會中結黨的現象古來都有，遍布中外。但是只有共產黨完全超出了黨集團的利益範疇。你入了它那個黨，它就要控制你一切乃至人性、生存和私生活。你讓它當權，它就要控制社會、政府、國家機器的一切。大到誰做國家主席，誰做國防部長，制定什麼法規條例，小到誰能在哪裏居住，和誰結婚，生幾個孩子，而且把這些控制方法發展到無以復加的地步。

中共打著辯證法的名義，徹底破壞哲學的圓融思維方式、思辯能力和探索精神。共產黨講的是「按勞分配」，「讓一部分人先富起來」的過程完成的卻是「按權分配」。打著「全心全意為人民服務」的幌子，欺騙有此類美好理想的人，然後對這些人進行洗腦和全面控制，逐漸把這些人變成「全心全意為黨服務」而不敢為民請命的馴服工具。

（二）「中國特色」的流氓黨

正是這種為了黨的利益不顧一切的原則，中共以邪教的運作方式扭曲了中國社會，在人類社會造出了一個真正的另類。這個另類和任何國家、政黨、團體都不一樣。它的原則是無原則，在它的微笑背後沒有誠意可言。不過善良的人們理解不了中共，因

為他們按人類通行的道德標準推測中共，無法想像竟有那麼流氓的一個東西，代表著一個國家。黨以這樣的「中國特色」躋身於世界民族之林。「中國特色」是「中共流氓特色」的縮寫。

中國跛足資本主義就變成了「中國特色的社會主義」；「失業」變成了中國特色的「待業」；「解雇」變成了中國特色的「下崗」；「貧窮」變成了中國特色的「社會主義初級階段」；言論、信仰自由的「人權」變成了中國特色的「生存權」。

（三）國家流氓化，中華民族面臨空前的道德危機

九十年代初期，中國開始流行一句話——「我是流氓我怕誰」，這就是中共幾十年流氓治國的惡果——國家流氓化。伴隨著中國經濟的虛假繁榮，是整個社會道德的全面下滑。

中國人大代表在開會期間大談「誠信」問題，中國高考作文要寫「誠信」題目，可見「喪失誠信」、「道德問題」已經成為中國社會的一場看不見卻又無處不在的巨大危機。貪污腐敗，假貨氾濫，欺詐成風，人心卑劣，世風急下，人與人之間的沒有了基本的信任。

口口聲聲滿足於生活改善了的人們，最關心的不就是生活的穩定嗎？什麼是社會穩定的最重要因素？就是道德。一個道德淪落的社會是不可能有安全保障的。

時至今日，中共幾乎已經鎮壓了所有的傳統宗教，解體了傳統的價值觀，而中共對財富不擇手段地攫取，對人民不擇手段地欺騙，上樑不正下樑歪，迅速帶動全社會走向流氓化。靠流氓手段執政的中共，從本質上講也正需要一個流氓社會做為其生存的

環境，因此中共想方設法要把人民拉下水，試圖把中國人民變成程度不同的大大小小的各種流氓。中共的流氓本性就是在這樣葬送著維繫中華民族的道德根基。

結　語

「江山易改、本性難移」。歷史證明，中共每次放鬆枷鎖和鐵鏈，都並不意味著會放棄鎖鏈。上世紀六十年代初期的大饑荒之後，中共曾經以「三自一包」來恢復農村生產，但那並不意味著中共會改變中國農民「農奴」的地位。八十年代的「自由化」和「經濟改革」，也絲毫不影響一九八九年中共對人民舉起屠刀。未來，中共也絕不會因為改換了門面，而改變其流氓本性。

如果覺得已經事過境遷，此黨已非彼黨，而滿足於眼前的假象，甚至誤認為共產黨已經改良，或者正在改良，或者有意改良，從而不斷地淡忘過去，那就是給予中共流氓集團繼續生存危害人類的機會。

共產黨所有的努力，就是要人們「忘記」；而人民所有的掙扎，則是要努力「記住」。

事實上，共產黨的歷史，就是一部割裂人民記憶的歷史，是後一代不知道前一代真相的歷史，是億萬百姓生活在對共產黨過去的咒罵、與對共產黨現實的期望這種巨大矛盾之中經歷磨難的歷史。

當共產主義這個邪靈來到人世間，共產黨通過流氓起義和痞子革命奪取政權在人間立足後，它幹的就是通過血腥暴政來建立

和維護一個「黨附體」形式的專制社會。以反自然、反天理、反人性、反宇宙的所謂「鬥爭」精神，來摧毀人類的良知善念，來摧毀人類的傳統文明和道德觀念，用血腥屠殺和強制洗腦來製造一個全民瘋狂的共產邪教的一統天下。在共產黨的歷史上，有過紅色恐怖到達頂峰的猖狂時期，也有過幾近滅亡、落荒而逃的狼狽時刻，共產黨每每都是靠了耍盡流氓來度過危機走向下一個猖狂，繼續愚弄人民百姓。

當人們都能認識到共產黨的流氓本性，並不為其假象所蒙蔽的時候，也就是終結中共及其流氓本性的時候。與中國上下五千年的歷史相比，中共統治中國的五十餘年不過是彈指之間的事。在沒有中共的日子裏，中國曾經創造出人類歷史上最輝煌的文明；趁著中國的內憂外患乘機坐大的中共，給中華民族帶來了巨大的劫難。這種劫難，不僅僅是使中國人付出了數千萬人的生命和無數家庭破碎的代價，付出了我們民族生存所依賴的生態資源，更為嚴重的是，我們民族的道德資源和優秀的文化傳統，已幾乎被破壞殆盡。

中國的未來是什麼樣？中國將向何處去？這樣沉重的問題複雜而又極難簡而言之。但有一點是明確的，如果沒有中華民族的道德重建，沒有重新清晰人與自然、天地的關係，以及，沒有人與人和諧共處的信仰和文化，中華民族，不可能有輝煌的明天。

中共幾十年的洗腦和鎮壓，已經把它的那些思維方式、善惡標準壓入了中國人生命的深層中，以至於我們都在一定程度上接受並認同了它的歪理，並成為了它的一部分，由此向中共提供了其存在的意識形態基礎。

240

　　從生命中清除中共灌輸的一切邪說，看清中共十惡俱全的本質，復甦我們的人性和良知，是平順過渡到非共產黨社會的必經之路，也是必要的第一步。

　　這條道路是否能夠走得平穩、和平，取決於每一個中國人發自內心的改變。雖然中共表面上擁有國家一切資源和暴力機器，但是如果我們每個人能夠相信真理的力量，堅守我們的道德，中共邪靈將失去存身之處，一切資源都將有可能瞬間回到正義的手中，那也就是我們民族重生的時刻。

　　沒有了中國共產黨，才能有新中國；

　　沒有了中國共產黨，中國才會有希望；

　　沒有了中國共產黨，正義善良的中國人民一定會重塑歷史的輝煌。

九評共產黨

作　者：大紀元系列社論

編　輯：張淑華、黃蘭亭

封面設計：林彩綺

美術編輯：葉致雲、吳姿瑤

出　版：博大國際文化有限公司

電　話：886-2-2769-0599

網　址：http://www.broadpressinc.com

台灣經銷商：采舍國際通路

地　址：新北市中和區中山路 2 段 366 巷 10 號 3 樓

電　話：　886-2-82458786

傳　真：　886-2-82458718

華文網網路書店：http://www.book4u.com.tw

規　格：14.8cm × 21cm

國際書號：ISBN 978-986-97774-0-7(平裝)

定　價：新台幣 280 元

出版日期：2023 年 3 月 (三版)

國家圖書館出版品預行編目(CIP)資料

九評共產黨 / 大紀元系列社論著. -- 二版. -- 臺北市：
博大國際文化, 2020.04

248 面 ; 14.8 x 21 公分
ISBN 978-986-97774-0-7(平裝)

1.中國共產黨
576.25   109004881